# Moderne Körperlichkeit

## Körper als Orte ästhetischer Erfahrung

## Mode und Ästhetik

Schriftenreihe des Instituts für Designforschung Bremen

herausgegeben von Irene Antoni-Komar

## Band 1

# Moderne Körperlichkeit

## Körper als Orte ästhetischer Erfahrung

herausgegeben von
Irene Antoni-Komar

mit Beiträgen von
Irene Antoni-Komar
Angelica Ensel
Sabine Gieske
Gertrud Lehnert
Waltraud Posch
Uta Zybell

gefördert von
Wella AG

dbv

# Inhalt

# Geleitwort

Schon immer hat der Mensch ein ganz individuelles, vor allem subjektives Verhältnis zu menschlichen Körpern. Besonders ausgeprägt ist dies, wenn es um die eigene oder die Körperlichkeit des Partners geht. Selbstwertgefühl, Wohlbefinden, Akzeptanz, aber auch Differenzierung und Individualisierung hängen unmittelbar vom äußeren sowie vom inneren Körperbild ab.

Primäres Interesse für das Wohlbefinden ruft hier nicht allein die oft zitierte zweite Haut des Menschen, die Kleidung hervor. Neben diesem austauschbaren, oft dem Modediktat unterworfenen und damit sehr vergänglichen Statussymbol ist es vielmehr die Haut selbst, die einen Menschen gegenüber sich selbst und anderen positioniert. Ein gepflegtes Äußeres, das von der Haut und den Haaren bestimmt wird, bildet die Grundlage eines objektiven Wohlbefindens des Menschen.

Hierfür Haar- und Körperpflegeprodukte auf höchstem Niveau herzustellen, dem Markt Impulse zu geben und den stetig steigenden Wünschen der Endverbraucher gerecht zu werden: das ist die Herausforderung, der sich die international agierende Wella AG täglich stellt. Die Sicherung und der Ausbau dieses hohen Anspruches, dem sich die Wella Mitarbeiterinnen und Mitarbeiter verpflichtet fühlen, erschöpft sich jedoch längst nicht allein in den Kompetenzfeldern der Forschung und Entwicklung, Produktion und Distribution hochwertiger Haarkosmetik.

Die Wella AG engagiert sich darüber hinaus in der weiterqualifizierenden Schulung von Friseurinnen und Friseuren, denen in über 90 Studios weltweit ein breites Angebot an Seminaren zur Verfügung steht. Besondere Aufmerksamkeit im Servicebereich gilt auch den Berufsschullehrerinnen und -lehrern der Fachrichtung Körperpflege, die an der Technischen Universität Darmstadt ausgebildet werden. So wurde in diesem Studiengang 1992 die bundesweit einmalige Wella-Stiftungsdozentur Mode und Ästhetik eingerichtet, die sich u.a. mit Fragen der

Körpervorstellungen, der Inszenierung und Idealisierung des Körperlichen beschäftigt.

Die im Dezember 2000 erstmalig im Rahmen der Wella Stiftungsdozentur stattgefundene Tagung mit dem Thema „Körper als Orte ästhetischer Erfahrung" im Darmstädter „Haus der Geschichte" haben wir mit großem Interesse verfolgt und gern unterstützt. Wir freuen uns nun über die schriftliche Präsentation der Ergebnisse.

Dr. Thomas Clausen
Leiter Forschung und Entwicklung, Wella AG

# Vorwort

„Körper als Orte ästhetischer Erfahrung" – so der Titel der hiermit vorliegenden Dokumentation einer Tagung der Wella-Stiftungsdozentur Mode und Ästhetik und des Institutes für Berufspädagogik an der Technischen Universität Darmstadt. Der unter diesem Thema geführte wissenschaftliche Diskurs ist unter drei Gesichtspunkten sehr bemerkenswert:

– Die Wella-Stiftungsdozentur ist am Institut für Berufspädagogik angesiedelt. Da am Institut für Berufspädagogik Berufsschullehrerinnen und -lehrer gewerblich-technischer Fachrichtung ausgebildet werden, stellen technische Prozesse und „Gegenstände" einen zentralen Bezugspunkt dar: sie stehen im Zentrum des beruflichen Handelns derjenigen Personen, die diese Berufsschullehrerinnen und -lehrer ausbilden. „Körper und Ästhetik" stehen im Zentrum des beruflichen Handelns bei Körperpflegeberufen. Mit „Körper und Ästhetik" wird aber nicht nur ein spezifischer beruflicher Gegenstandsbereich unter anderen thematisiert, sondern – in unserem technisch-dominierten Zusammenhang ungewöhnlich – vor allem nicht-technische Inhalte. Dies kann im Rahmen dominant technisch-stofflicher Orientierungen eine produktive Provokation sein.

– Körper als leibliche Materialität des Menschen sind für eine technische Universität kein selbstverständlicher Gegenstand der wissenschaftlichen Auseinandersetzung, vielmehr steht die Technik als Artefakt der wissenschaftlichen Arbeit und ihrer Anwendung im Vordergrund des Interesses. Deshalb ist es außerordentlich wichtig, dass der Körper des Menschen als Ort der Identitätsstiftung und als Ort der Selbstinszenierung gerade in diesem Kontext thematisiert wird, um auch die Beziehung zwischen Technik und Mensch diskutieren zu können. Denn auch die spezifische Konstruktion und Konfiguration von Körperlichkeit ist mit den jeweils vorherrschenden technologischen Entwicklungen auf das Engste verbunden. Dies wird in der vorliegenden Veröffentlichung in einigen Beiträgen besonders deutlich.

– Im Kontext der feministischen Theorieentwicklung, insbesondere in den diskurs-orientierten Ansätzen verschwindet geradezu die Leiblichkeit des Menschen und der Geschlechter. Geschlecht wird nicht mehr auf den Körper bezogen, sondern nur noch im gesellschaftlichen Diskurs hergestellt. Insofern ist mit der hier repräsentierten Auseinandersetzung ein Standpunkt eingenommen, der Geschlecht zwar als konstruiert begreift, aber den Körper als einen Ort dieses Konstituierungsprozesses von Geschlecht miteinbezieht. Hierzu bietet sich die Diskussion über den Gegenstandsbereich körperpflegerischer Berufe geradezu an, weil sie im gewissen Sinne dazu dienen kann, gesellschaftliche Alltäglichkeit in solche Diskurse zurückzubringen. Denn die Friseurinnen und Friseure haben beispielsweise tagtäglich mit der Inszenierung von Geschlechtlichkeit über Ästhetisierung des Körpers zu tun: es macht gewissermaßen einen Hauptteil ihres „Geschäfts" aus, vor allem dort, wo sich Haarpflege vom notwendigen Haarschneiden zur Ästhetisierung des Unterschieds und zu „Wellness" entwickelt hat.

Dass dieser Diskurs, organisiert und konzeptionell vorbereitet von der Wella-Stiftungsdozentur am Institut für Berufspädagogik der Technischen Universität Darmstadt, initiiert und weitergeführt wird, ist insbesondere der Inhaberin der Stiftungsdozentur, Dr. Irene Antoni-Komar, und der großzügigen Unterstützung der Wella AG zu verdanken. Ich wünsche deshalb der vorliegenden Veröffentlichung über ein so wichtiges Thema im interdisziplinären Zusammenhang eine gute Verbreitung und Resonanz.

Prof. Dr. Angela Paul-Kohlhoff
Geschäftsführende Direktorin des Instituts für Berufspädagogik,
Technische Universität Darmstadt

# Körper als Orte ästhetischer Erfahrung

## Einführung

*Irene Antoni-Komar*

> „Der Körper, gesellschaftlich produzierte und einzige sinnliche Manifestation der „Person", gilt gemeinhin als natürlichster Ausdruck der innersten Natur und doch gibt es an ihm kein einziges bloß „physisches" Mal (...)"[1]

In Bezug auf den Körper und die Körperlichkeit hat sich eine hochdifferenzierte Wissenslandschaft entwickelt. Anfang der achtziger Jahre sprechen der Soziologe Dietmar Kamper und der Erziehungswissenschaftler Christoph Wulf noch eher programmatisch von der „Wiederkehr des Körpers"[2]. 1997 schreibt die Literaturwissenschaftlerin Silvia Bovenschen: „So viel Körper war nie."[3] In der amerikanischen Literatur ist die Rede von „a new subdiscipline is in the process of developing".[4]

„Körperlichkeit" ist heute ein transdisziplinärer Forschungsgegenstand – längst nicht mehr nur in Biologie, Chemie und Medizin, sondern vor allem in Soziologie und Philosophie, auch in Kultur- und Literaturwissenschaft, Kunstgeschichte, in Pädagogik und Sozialwissenschaften, in den „gender-" und „cultural studies" wird die Körperlichkeit des Menschen als Ausgangspunkt fokussiert.

Weitgehende Einigkeit herrscht in der Literatur darüber, dass „Körper" sich nicht auf eine Kategorie der Biologie reduzieren lässt. Auch kann unser Körper keinesfalls technizistisch auf eine mehr oder weniger funktionierende Maschine begrenzt werden. Der menschliche Körper ist ein lebendiges Zentrum der sinnlichen Wahrnehmung, der Selbstwahrnehmung ebenso wie der Rezeption der Umwelt. Der „homo sociologicus" hat einen Körper, der in der Doppelfunktion von „Körper sein" und „Körper haben" den Bezug des Ichs zur Welt herstellt. So haben Peter L. Berger und Thomas Luckmann formuliert: „Einerseits ist der Mensch sein Körper, ganz wie andere animalische Organismen. Andererseits hat er einen Körper. Das heißt, daß der Mensch sich selbst als Wesen erfährt, das mit seinem Körper nicht identisch ist, sondern dem vielmehr dieser sein Körper zur Verfügung steht. Die menschliche Selbsterfahrung schwebt also immer in der Balance zwischen Körper-Sein und Körper-Haben, einer Balance, die stets von neuem wiederhergestellt werden muß."[5] Für diese Unterscheidung von „Körper sein" und „Körper haben" differenziert die deutsche Sprache zwischen „Leib" und „Körper". Gabriel Marcel und Helmuth Plessner führten diese Differenz in ihre philosophischen Analysen ein, indem sie von einem Leib, der ich bin, und einem Körper, den ich habe, ausgingen.[6]

Die These, dass die moderne Gesellschaft den Körper nicht länger als „bounded entity" begreifen könne, bildet die Grundlage der meisten aktuellen Studien zum vergesellschafteten Körper. Körperpraktiken der Diät und des Bodybuilding, der ästhetisch-plastischen Chirurgie und der „body modification" (Tattooing, Piercing, Scarifications wie Branding oder Cutting)[7], aber auch Technologien und elektronische Medien, die den Körper und seine Sensomotorik in „interaktiver" Weise einbinden (zum Beispiel Kyoko Date, das japanische Cyber-Girl)[8], eröffnen ein hochdifferenziertes Feld individueller und sozialer Körperlichkeit. Bei allen Differenzen konvergieren die meisten Arbeiten in der Aufmerksamkeit hinsichtlich des Zusammenhangs zwischen veränderter Konstruktion des menschlichen Körpers und sozialem Wandel.

Durch die zunehmende Entlastung von schwerer Arbeit, den Abbau religiös-moralischer Restriktionen im Körperverhalten und die Änderungen im Geschlechterverhältnis wird der Körper frei für neue und andere Sinnzuschreibungen. Diesen modernen Bedingungen unterworfen zu sein, ist die Grundannahme der aktuellen Beiträge.[9] Der Sportsoziologe Karl-Heinrich Bette betont, dass die mit den rasanten Modernisierungsprozessen verbundene wachsende Distanzierung vom Körper, z.B. das Verschwinden des Körpers in der „virtual reality", mit einer Körperaufwertung, einer Fetischisierung des Körpers einherging. Fitness und Gesundheit, Schlankheit, Jugendlichkeit und sexuelle Attraktivität, so seine These, wurden zum Credo der modernen Gesellschaft und zum Leitmuster bürgerlicher Alltagskultur.[10]

In vielfältigen kulturellen Praktiken werden Körper gegenwärtig modelliert und modifiziert. Kosmetik und Kleidung, aber auch Ernährung, Sport und Medizin dienen der sichtbaren oder „einschneidenden" Maßnahme am Körper. Körper sind Orte unserer Identität und unserer Selbstinszenierung. Von welchen Faktoren werden Körperkonzepte geprägt? Wie greifen Individuen, soziale Gruppen oder Medien in dieses Geschehen ein?

Diesen Fragen widmen sich die hier vorliegenden Beiträge. Sie sind entstanden im Rahmen einer Tagung der Wella-Stiftungsdozentur Mode und Ästhetik an der Technischen Universität Darmstadt, die am 1. Dezember 2000 stattgefunden hat. Tagung und Dokumentation wären ohne die großzügige Unterstützung der Wella AG nicht zustande gekommen. Dafür möchte ich mich an dieser Stelle herzlich bedanken.

Die Wella-Stiftungsdozentur Mode und Ästhetik in der Fachrichtung Körperpflege untersucht, unter welchen Bedingungen Mode entsteht und welche Wirkungen von ihr ausgehen. Sie setzt sich mit Inszenierungspraktiken auseinander und fokussiert den Wandel von Schönheitsidealen und Körpervorstellungen in Gesellschaft und Kultur. In diesem Kontext untersuchen die Tagungsbeiträge, wie Körper ästhetisch erfahren und wahrgenommen werden, welche Definitionen und Konstruktionen ihnen in unterschiedlichen wissenschaftlichen und künstlerischen Disziplinen widerfahren. „Körper als Orte ästhetischer Erfahrung" – Die Offenheit des Begriffs der ästhetischen Erfahrung im Feld kultureller Praktiken am Körper soll einen vielfältigen Zugang zum Thema Körperlichkeit ermöglichen. Der „Körper als Ort" symbolisiert den Schnittpunkt, an dem individuelle und soziale, alltagskulturelle und künstlerische Aspekte zusammentreffen.

Die Beiträge umreißen auch einen Versuch, in der Fokussierung auf den menschlichen „Körper als Ort" Fächergrenzen zu überschreiten. Wie die Fachrichtung Körperpflege interdisziplinär angelegt ist, soll die Dokumentation der Tagung eine fächerübergreifende Diskussion vertiefen. Wissenschaftlerinnen verschiedener Fachrichtungen wurden eingeladen, Beiträge zu liefern. Sie vertreten folgende Fachgebiete: Kulturwissenschaft, Literaturwissenschaft, Kunstgeschichte, Berufspädagogik und Soziologie. Der je spezifische Blick wird auf ein gemeinsames Objekt ausgerichtet, auf den Körper des Menschen, wobei die Beiträge nicht eine Abrundung der Thematik verfolgen – provokante Fragen und vorläufige Positionen sind durchaus gewollt.

Einführend wird der Charakter kultureller Körper-Konstruktionen skizziert. Der Mensch als „homo aestheticus" ist nicht (nur) Träger, sondern darüber hinaus auch Produzent und Gestalter seines Körpers. Im Zentrum stehen Fragen nach der Bedeutung von Körperstilisierung und Körpermodellierung in der aktuellen Körperwahrnehmung. In den modernen Körperpraktiken, so die These, zeigt sich, wie das „Projekt des schönen Lebens", bei dem die positiv bewerteten Erlebnisse auf vielerlei Weise zum Ausdruck kommen, zum „Projekt des entgrenzten Körpers" umgestaltet wird, bei dem das Erfahren und „Testen" der Belastungen des Körpers bis hin zu Schmerzerleben und Todesrisiken im Zentrum stehen.

Sabine Gieske untersucht, welche Geschmacksregeln unsere Vorstellungen von Weiblichkeit und Männlichkeit seit der Umbruchzeit des 18. Jahrhunderts leiten. Anhand diverser Quellen wird erörtert, warum, wie und aus welcher gesellschaftlichen Situation heraus die körperlich-sinnliche Schönheit für Männer peinlich, für Frauen dagegen aber zu einem Vorrecht erklärt wird.

Die Körperebene im Berufsorientierungsprozess stellt Uta Zybell vor. Welche Rolle kommt dem Körper und der Körperwahrnehmung in der geschlechtsspezifischen Berufsorientierung von jungen Frauen und Männern zu? Sie zeigt auf, dass zum Zeitpunkt der Berufsentscheidung, der späten Adoleszenz, unterschiedliche Auseinandersetzungsprozesse mit den kulturellen Mustern von Weiblichkeit und Männlichkeit und den jeweiligen Körperbildern bei Jungen und Mädchen stattfinden, welche starke Auswirkungen auf die Wahl ihres Berufs und auf ihren Lebensentwurf haben.

Waltraud Posch ermittelt die Ursprünge, Hintergründe und Folgen des gegenwärtigen Kults um die Schönheit. Glaubt man Medien und Wirtschaft, so ist nur schön, wer jung, schlank und fit ist. Vor allem Frauen leiden unter diesen Schönheitsidealen und Körpernormen.

Stellt die Schönheitschirurgie in diesem Zusammenhang eine Lösung dar oder ist sie eher ein Dilemma? Angelica Ensel sieht das Phänomen Schönheitschirurgie nicht nur als einen Spiegel des kulturspezifischen Umgangs mit dem Körper. In besonderer Weise sind Schönheitsoperationen ein Thema von Frauen: 70–80 Prozent der Operierten sind weiblich, die überwiegende Zahl der Ausführenden hingegen sind männliche Ärzte. Welche Bedeutung können die Eingriffe für das eigene Selbstbild, den eigenen Lebensentwurf von Frauen haben? Ist die „einschneidende Maßnahme" eine Unterwerfung unter strenge Maßstäbe weiblicher Schönheitsnormen, ist sie ein kreativer Akt selbstbestimmter Lebensgestaltung oder Inszenierung männlicher Schöpfungsphantasien?

Gertrud Lehnert schließlich sieht Mode als ein Mittel, mit dem Menschen ihren Ort in der Welt bestimmen. Das bezieht sich ganz buchstäblich auf den Raum, den sie einnehmen, als auch auf die Art und Weise, wie sie sich – zum Beispiel – als Angehörige eines der Geschlechter inszenieren. Sie formuliert die These, dass Mode den menschlichen Körper nicht darstelle, vielmehr durch und durch fiktionale, aber gemeinhin als „natürlich" angesehene Körper schaffe. Den Mechanismen der Fiktionalisierung des menschlichen Körpers und der anschließenden „Naturalisierung" dieser Fiktion widmet sich der Beitrag zur „Fiktionalität des modischen Körpers".

Die vielfältigen Fokussierungen sollen zur Diskussion anregen und einen Beitrag darstellen, Körper und Körperpflege als heute prägende Prozesse in Gesellschaft und Kultur zu vermitteln.

[1] Pierre Bourdieu (1983): Die feinen Unterschiede. Kritik der gesellschaftlichen Urteilskraft, 2. Auflage. Frankfurt/M. (Suhrkamp), 310.

[2] Dietmar Kamper/Christoph Wulf (1982): Die Wiederkehr des Körpers. Frankfurt/M. (Suhrkamp).

[3] Silvia Bovenschen (1997): So viel Körper war nie. In: Die Zeit, Nr. 47, 14.11.1997, 63f.

[4] David Morgan/Sue Scott (1993): Afterward. Constructing a Research Agenda. In: Sue Scott/David Morgan (eds) (1993): Body Matters. Essays on the Sociology of the Body. London, Washington D. C. (Falmer Press), 135.

[5] Peter L. Berger/Thomas Luckmann (2000): Die gesellschaftliche Konstruktion der Wirklichkeit. Eine Theorie der Wissenssoziologie. Mit einer Einleitung zur deutschen Ausgabe von Helmuth Plessner, übersetzt von Monika Plessner. (Titel der amerikanischen Originalausgabe: The Social Construction of Reality, New York 1966), 17. Auflage (1. Auflage: 1969). Frankfurt/M. (Fischer Taschenbuch Verlag), 53; Vgl. auch Manfred Bleuler (1954): Endokrinologische Psychiatrie. Stuttgart (Thieme), 72: „Haben wir einen Körper? Oder sind wir ein Körper? Die klinischen Beobachtungen legen es nahe, vorläufig zu antworten: Etwas von uns ist dem Endokrinen verbunden, fast eins mit ihm – deshalb sind wir ein Körper; etwas von uns aber lebt und wirkt weitgehend unabhängig vom Endokrinen – deshalb haben wir einen Körper."

[6] Vgl. Käte Meyer-Drawe (2000): Der schöne Körper. Gefangener oder Gefängnis? In: Der blaue Reiter. Journal für Philosophie, 12 (2/2000), 12–15.

[7] Im Internet finden sich im „BME: Body Modification E-Zine" zahlreiche Beispiele und Erfahrungsberichte zur aktuellen Bewegung der Körper-Modifikation (http://www.bme.freeq.com).

[8] http://www.geocities.com/Tokyo/Flats/2135/dkmis.html.

[9] Vgl. Jens Loenhoff (1999): Making the body social – Zum angloamerikanischen Diskurs über Körper und Sinne. In: Hans Günther Homfeldt (Hrsg.) (1999): „Sozialer Brennpunkt" Körper. Körpertheoretische und -praktische Grundlagen für die Soziale Arbeit. Baltmannsweiler (Schneider Verlag Hohengehren), 71–84.

[10] Karl-Heinrich Bette (1989): Körperspuren. Zur Semantik und Paradoxie moderner Körperlichkeit. Berlin (de Gruyter); Vgl. hierzu auch Wolfgang Welsch (2000): Ästhetik außerhalb der Ästhetik. In: Der blaue Reiter. Journal für Philosophie, 12 (2/2000), 6–11.

# Körper-Konstruktionen

## Die Thematisierung des Körperlichen in Mode und Kunst

*Irene Antoni-Komar*

„Nirgendwo ist der Körper die bloße Oberfläche des Wesens, der unberührte Strand ohne Spuren, die Natur."[1]

Vor zwei Jahren erschienen in der britischen Zeitschrift »Dazed« Fotos, die international Aufsehen erregten. Nick Knight (*1958) inszenierte über mehrere Seiten behinderte Models. Bald darauf im »Zeit magazin« (Nr. 46, 5.11.1998) veröffentlicht, waren die Fotografien zuletzt im Deutschen Hygienemuseum in Dresden anlässlich der Ausstellung „Bilder, die noch fehlten" zu sehen.[2]

Das unterschenkelamputierte Model Aimee Mullins war schon vorher als Sportlerin bei den „Paralympics" bekannt geworden. Kurz darauf brachte sie Alexander McQueen in einer Londoner Modenschau mit eigens entworfenen und angefertigten Holzbeinen auf den Laufsteg.[3] Nick Knight setzte Mullins wie einen Glamourstar in Szene. Das massenmedial propagierte Bild „makelloser" und „perfekter" Körperlichkeit kontrastierte der Szenefotograf mit ebenso perfekt inszenierten Bildern „imperfekter" Frauen und Männer.

Sind die Fotografien von Nick Knight Zeichen eines kulturellen Perspektivenwechsels? Symbolisieren seine Bilder das Aufbrechen eines Ideals der Körperlichkeit, das perfektionierte Makellosigkeit und demonstrative Gesundheit verlangt, kurz, eines Körpers, der keine Spuren von Alterung, Schwangerschaftsfolgen, Krankheit, Fehlbildung oder Verletzung, insgesamt des Lebens und Arbeitens, zeigen darf?[4] Oder bezeichnen Sie die Schnittstelle einer Auffassung von Körperlichkeit, die zwischen Perfektionswunsch und Grenzerfahrung zu sehen ist?

Im wissenschaftlichen Diskurs herrscht allgemeine Übereinstimmung darüber, dass seit Ende des 19. Jahrhunderts eine gesteigerte Aufmerksamkeit hinsichtlich

1 Nick Knight, Aimee Mullins, 1998, Fotografie

der Körperlichkeit zu beobachten ist. Nach Auffassung des Sportsoziologen Volker Rittner manifestiert sich diese in einer „Ästhetisierung der körperlichen Erscheinung"[5]. Mode und Kosmetik, aber auch kontrolliertes Essverhalten und Sport bis hin zur ästhetisch-plastischen Chirurgie sind Techniken, die zur Gestaltung des Körpers eingesetzt werden können. Der „homo aestheticus" ist zur neuen Leitfigur geworden. 40 Millionen Deutsche treiben heute regelmäßig Sport; 4,3 Millionen davon in über 6.000 Fitness-Studios.[6] Und die Nachfrage nach vielfältigen Bewegungsaktivitäten expandiert. Grundlage des Kultes um den Körper ist eine neue Auffassung von Freiheitsgraden in den Gestaltungsmöglichkeiten des Körpers. Überzeugungen unbegrenzter Formbarkeit des Körpers, der nicht mehr als Schicksal, sondern als selbst verantwortet aufgefasst wird, sind zu beobachten. Form, Farbe und Funktion des Körpers gelten heute als Produkt individuellen Bemühens, in das Geld, Zeit und Kraft investiert werden muss. Daher sind die Körper Symbol von Leistung, Kreativität und Modernität, ein Mittel der „sozialen Distinktion". Sie werden zur Demonstration von Energie, Effizienz und Selbstdisziplin eingesetzt.[7] Aus dem schicksalhaften Körper wird ein Körper der Optionen, der vielfältig modellierbar erscheint: „(...) the body is becoming a phenomen of choices and options (...) and is the basic to 'grasping the fullness of the moment'".[8]

Meine These ist, dass Gestaltungsmöglichkeiten der Körperlichkeit sich heute im Spannungsfeld von zwei Thematisierungen bewegen: Erstens im Wahrnehmen und „Verleiben" von medial publizierten Bildern, die den ästhetischen Rahmen des makellosen, leidenschaftlich gepflegten und „gewarteten" Körpers vorgeben. Zweitens im Erfahren und „Testen" der Belastungen des Körpers bis hin zu Schmerzerleben (Tattooing, Piercing, Branding, Amputationen) und Todesrisiken (Extremsportarten).

Die Piercerin Vanessa beschreibt das Schmerzerlebnis beim Piercen: „Wer sagt, es tut nicht weh, der lügt. Aber es ist eine unglaublich intensive Körpererfahrung, wenn man es schafft, den Schmerz im Kopf wegzubeamen – ein totales Glücksgefühl, wenn der Körper die Endorphine ausschüttet."[9] Volker Rittner definiert diesen Vorgang als „Neustrukturierung des Körper-Selbst-Verhältnisses".[10] An die Stelle der Distanzierung vom eigenen Körper treten Identitätstechniken der Thematisierung eigener Körperlichkeit. Wie lässt sich dieser Prozess des Wandels aus der Geschichte des Körpers herleiten?

## Historische und gegenwärtige Körperlichkeit

Die historische und gegenwärtige Körperlichkeit – die Geschichte der Auffassungen vom Körper – kann aus zahlreichen Perspektiven rekonstruiert werden. Um den historischen Wandel der Körper-Kultur, die Interdependenzen zwischen „somatischer Kultur" und Gesellschaft darzustellen, werden im Folgenden zwei Formen des Wandels unterschieden: Distanzierung und Disziplinierung sowie Inszenierung und Thematisierung. Diese umreißen den Prozess des Verschwindens und der Wiederkehr des Körpers. Körperlichkeit wird dabei als Produkt und Produzent von Kultur sichtbar.

War es früher die Kleidung, die ornament-gleich den menschlichen Körper umhüllte und modellierte, so ist es heute der Körper selbst, der im Mittelpunkt steht und einen bedeutenden Bezugspunkt der Gestaltung darstellt.

Auf dem kolorierten Modekupferstich der französischen Zeitschrift „Le Bon Ton" des Jahres 1836 sind zwei Frauen des Bürgertums in zeitgemäßer Kleidung dargestellt. (Abb. 2) Ihre Körper sind von den wertvollen Stoffmassen nahezu vollständig verhüllt. Lediglich Hände und Gesicht bleiben unbedeckt. Wie lässt sich diese Gestaltung am Körper sozio-kulturell einordnen? Pierre Bourdieu spricht von den „unzähligen diffusen Einprägungsakten" und der „Einverleibung der Kultur"[11] in den Körper. Norbert Elias und viele andere haben für den „Prozess der Zivilisation" folgende Entwicklungen vom Mittelalter zur Neuzeit differenziert beschrieben: zunehmende Distanzierung vom eigenen Körper und vom Körper der anderen, Erhöhung der Schamgrenzen und der Peinlichkeitsschwellen, Abnahme unmittelbarer körperlicher Gewalt, Zunahme der Kontrolle des

2 Le Bon Ton, 1836, Modekupfer, koloriert

Körpers und seiner Leidenschaften (Disziplinierung), Aufschub der Bedürfnisbefriedigung, Trennung von Körper und Geist (Rationalismus). Dietmar Kamper und Christoph Wulf umschreiben diesen Prozess als „Entkörperlichung" und sprechen vom „Verschwinden" des Körpers. Der Körper geriet dieser Auffassung zufolge in einen unaufhaltsamen Abstraktionsprozess, in dessen Folge eine Distanzierung des Menschen zum eigenen Körper und eine Entfernung und Ersetzung der menschlichen Natur durch ein „vermitteltes gesellschaftliches Konstrukt"[12] stattfand. Kleidung besaß in diesem sozio-kulturellen Kontext eine Doppelfunktion: Sie symbolisierte Distanzierung und Disziplinierung. Die Kleidung war einerseits nach innen gerichtet, auf Teile des von ihr verhüllten Körpers und seinen Bewegungsradius; sie schuf Distanz zum Körper und zum Geschlecht, indem sie verhüllte. Andererseits war die Kleidung nach außen gerichtet, indem sie Persönlichkeit darstellte und ihre soziale und kulturelle Reichweite in Szene setzte. Der mit Hilfe des Korsetts disziplinierte Körper wurde Medium der bürgerlichen Ordnung und ihrer Geschlechterpolarisierung. In der Gestaltung der Kleidung materialisierten sich die eingeschränkte soziale Rolle der Frau im 19. Jahrhundert sowie die kulturelle Einstellung zum Geschlechtlichen und Körperlichen: Der Körper und die Sexualität verschwanden aus der Öffentlichkeit.

Insgesamt kann man von einer allmählichen Durchsetzung rationaler Handlungslogiken sprechen, die auch den Körper betrafen. Während im mittelalterlichen Denken Mensch und Körper identisch waren, wurde im Zuge der Verweltlichung des Denkens und vor dem Hintergrund naturwissenschaftlicher Erkenntnisse im 17. und 18. Jahrhundert die Vorstellung vom Körper als Mikrokosmos von der Vorstellung vom Körper als Maschine abgelöst. Eine Dichotomie zwischen Körper und Geist wurde angenommen, die insbesondere von Descartes und seinen Anhängern vertreten wurde.[13] Dieses mechanistische Körperbild Descartes existierte bis ins 19. Jahrhundert, dem Zeitalter der Technisierung und Industrialisierung. Die Ökonomie der heraufziehenden Industriegesellschaft war das Feld einer massenhaften Zurichtung, Ausbeutung und Verwertung der zur bloßen Arbeitskraft reduzierten Körper. Bei Funktionsausfall wurde die „Körpermaschine Mensch" durch die Medizin „repariert". In dem Maße, wie der Körper mehr und mehr zum Objekt wurde, konnten Ärzte die offiziell bestellten, professionellen Experten und Sachwalter der funktionalistischen Körperlichkeit werden.

Seit dem ausgehenden 19. Jahrhundert ist eine kulturelle Entwicklung hin zu einer veränderten Wahrnehmung des Körperlichen feststellbar. (Abb. 3) Körperlichkeit wurde als anwesend-gegenwärtige, eigene Wirklichkeit wiederentdeckt. Eine Rückbesinnung auf die Einheit von Körper und Geist folgte, und die Frage nach der Einheit von Gesellschaft und Natur, Menschheit und Erde wurde neu aufgeworfen. Barbara Maria Stafford hat in „Body Criticism" verschiedene Entwicklungsstränge der neuen Hinwendung zum Körper rekonstruiert. Dies sind: Abkehr von der Metaphysik, Vertrauen auf Beobachten und Vergleichen, Abkehr vom Dualismus von Körper und Geist, Aufwertung des Körpers im Rahmen eines ganzheitlichen Menschenbildes, Verbreitung des Sensualismus, d.h. der Überzeugung, dass Erkenntnis von der Funktionsfähigkeit der Sinne abhängig ist. Im Rahmen des Paradigmenwechsels übernahm die medizinische Anthropologie die sinnstiftende Funktion der Theologie.[14]

Als Subjekt wurde der eigene Körper für den einzelnen Menschen Mittelpunkt seiner Orientierung. Der Mensch im ausgehenden 19. Jahrhundert gab sich mit der Sicht des Körpers ausschließlich als Arbeitsinstrument nicht mehr zufrieden. Er begann, über den Körper die Welt wahrzunehmen und entdeckte diesen als Ort, Gefühle zu empfinden. Dieser Prozess der „Wiederkehr des Körpers" – vergleichbar der Überwindung des Ornaments – kann als Folge der Kritik an Fortschritt und Rationalisierung beschrieben werden, ausgelöst durch die Popularisierung der Psychologie und das Aufkommen der Psychoanalyse. Die Idee einer „gesunden" Lebensweise gewann in den Volkshygiene- und Lebensreformbewegungen an Bedeutung. Der nackte Körper wurde zum Symbol gesellschaftlicher Erneuerung.[15] Im Zeichen der neuen Naturverbundenheit kam es zu einem Wiedererwachen des Interesses am sogenannten „natürlichen" Körper.

3 Carl Schmidt, Anmut (Im Garten der Schönheit), 1912, Fotografie

Antike Statuen wie die Venus von Milo wurden zum vorbildlichen Schönheitsideal eines gesunden und kräftigen Körpers erkoren.[16] Durch Freikörperkultur und Lebensreform-Bewegung, Varieté-Tanz, Striptease und Filmerotik der Weimarer Republik verschoben sich die Nacktheitsgrenzen. Nach dem Ende der kulturellen Nachkriegszeit wurden der Minirock, die Hot Pants, die Zweiteilung des Badeanzugs in den Bikini, die transparenten und Stretch-Materialien zu anschaulichen Paradigmen für die, im Zuge der sexuellen Befreiung einsetzende, modische Entkleidung der Frau. Dieser „radikale Schub der Entblößung"[17] bildete einen wesentlichen Bestandteil der Moderne und eine kulturelle Grundlage des 20. Jahrhunderts.

In der Gegenwart ist der Körper selbst zum Gestaltungsprojekt geworden. Als integraler Bestandteil der persönlichen Identität begriffen, bietet er Anlass zu vielfältiger Stilisierung.[18] (Abb. 4) „Der Körper ist der Ort, an dem die Ökonomie des Lebens ihren Niederschlag findet. Er ist gleichzeitig aber auch sozialer Ort, Gegenstand kultureller Leistungen und Stilisierungen sowie Träger subjektiver Befindlichkeiten und deren psycho-sozialen Managements."[19] Für Gerhard Schulze ist der Körper Symbolträger der Erlebnisgesellschaft und der Mensch, „(...) Manager seiner eigenen Subjektivität, (...) Manipulator seines Innenlebens."[20] Schulze macht für diesen Wandel den Rückgang materieller Sorgen verantwortlich. Durch Industrialisierung, technischen Fortschritt, Entwicklung von Bildung und Wissenschaft wuchs der Wohlstand breiter Schichten der Bevölkerung, und die Sorge um die Befriedigung von Grundbedürfnissen reduzierte sich. Immaterielle Bedürfnisse traten zunehmend in den Vordergrund.[21] In diesem Prozess der „Ästhetisierung des Alltagslebens" steht nach Schulze nicht mehr das Über-Leben, die Sicherung der Existenz im Mittelpunkt, sondern das Er-Leben als die unmittelbarste Form der Suche nach Erfüllung. In diesem, auch in der Gegenwart noch fortschreitenden Individualisierungsprozess[22] sieht Schulze das „Projekt des schönen Lebens" als Lebensaufgabe verwirklicht.[23] Die individualistische Gesellschaft bietet dafür ein Überangebot an Möglichkeiten, eine Multioptionalität.[24]

4 Sean Smith, Flexible Identiäten, 1998, Fotografie (»The Guardian«)

Der menschliche Körper der Gegenwart ist von einem Anspruch der Machbarkeit, der Aneignung und aktiven Gestaltung ergriffen. Das Subjekt erfährt sich als Schöpfer seiner selbst. Verfehlt wäre es allerdings, die Phänomene der modernen „Körperbearbeitung" wie „Körperstyling" oder „Body shaping" als Belege einer Emanzipation des Körpers oder als Ausbildung kritischer Subjektivität zu begreifen. Vieles spricht für eine andere Perspektive: Die Freigabe des Körpers verbindet sich mit neuen Zwängen zur Herstellung eines „richtigen Körpers". Als Gegenstand öffentlicher Wahrnehmung ist der Körper Zugriffsfeld für subtile soziale Kontrolle, denn seine Modellierung unterliegt den kulturellen Normen von Körperästhetik und Selbstdisziplin. Diese Phänomene der gesteigerten Aufmerksam-

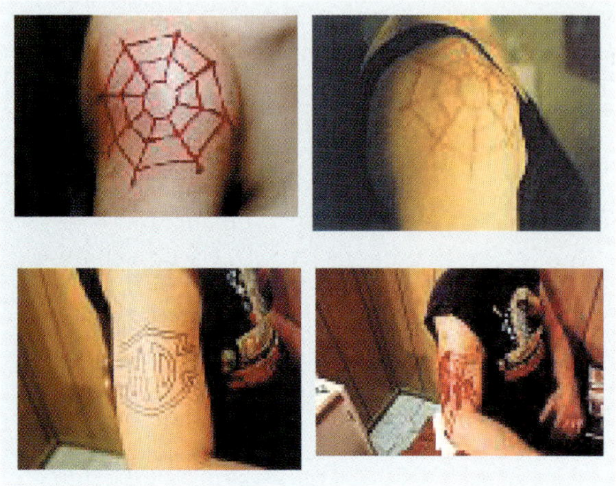

5 Body Modifications by Pere: Cutting, 2001 (Internet)

keit auf den Körper, nach denen „Aussehen" zunehmend „geleistet" werden muss, werden zum öffentlichen Ausweis für Erfolg und Aktivität.

Weit über die traditionellen Inszenierungspraktiken der Mode, Kosmetik und des Sports greifen heute dramatische Körperpraktiken[25] um sich: Tattooing, Piercing und Scarifications wie Branding (Einbrennen von Narbenmustern), Cutting (hier werden Narbenmuster auf dem Körper durch mit Mineralpulver oder Meersalz absichtlich infizierte Schnittwunden angebracht), Stretching (Gewebedehnungen) bis hin zu Implantationen und Amputationen („voluntary amputations") sind Techniken der Körperbearbeitung, in denen die Auflösung der Körpergrenze zum Ausdruck kommt.

Die Haut wird nicht mehr als Grenze zwischen Innen-Ich und Außen-Welt akzeptiert. Sie wird geritzt, geschnitten, gebrannt – das Außen dringt quasi nach Innen. Grenzerfahrungen und Schmerzerleben – alle Praktiken werden ohne Anästhesie durchgeführt – werden zu Elementen moderner Thematisierungen des Körpers, in deren Rahmen von einer Neustrukturierung des Verhältnisses von Körperlichkeit und Gesellschaft ausgegangen werden muss. Die Formierung neuer Körpermaßstäbe ist in einem engen Verhältnis zur Entwicklung moderner Gesellschaft und Umwelt zu sehen, die in viele Lebensstile zerfallen und durch Fragmentierung, Pluralisierung und Virtualisierung gekennzeichnet sind. Neben die Praktiken der Inszenierung des Körperlichen treten Identitätstechniken der Thematisierung des Körpers. Kriterien der Körper-Aufmerksamkeit verbinden sich mit der Wahrnehmung seiner Verwundbarkeit bzw. Verletzbarkeit und der Auflösung von Grenzen des Körpers und des Geschlechts.

In den modernen Körperpraktiken zeigt sich, wie das „Projekt des schönen Lebens", bei dem die positiv bewerteten Erlebnisse auf vielerlei Weise zum Ausdruck kommen, zum „Projekt des entgrenzten Körpers" umgestaltet wird, bei dem das Erfahren und „Testen" der Belastungen des Körpers bis hin zu Schmerzerleben und Todesrisiken im Zentrum stehen. Ist bei den Praktiken der Diät und der ästhetisch-plastischen Chirurgie das Ziel, herrschende Ideale körperlicher Perfektion zu erreichen, so verstehen sich die Techniken des „body adornments" als stigmatisierende Vorgänge, die den Körper als Ort entgrenzter Erfahrung kennzeichnen. Dieser Vorgang der „Intensivierung" und „Durchdringung" legt die Projektion des idealen Körpers in den Massenmedien bloß und thematisiert den Körper als Ort des Schmerzes.

## Arbeit am Körper als Kulturkritik

Matuschka, Cindy Sherman, Orlan und Stelarc, deren Werke hier stellvertretend diskutiert werden sollen, konfrontieren uns mit radikalen Thematisierungen des Körperlichen. Die Überschreitung ästhetischer Ideale ist Gegenstand künstlerischer Arbeit. Sie thematisieren das Stigmatisierte, Fragmentierte, Instrumentalisierte und das Technoide als Erscheinungsformen der Moderne. Die folgenden Werke sind in diesem Zusammenhang zu sehen.

„You can't look away anymore" – Das nahezu zwei Millionen auflagenstarke »New York Times Magazine« bildete am 15.8.1993 auf der Titelseite das Selbst-

6 Matuschka, Beauty out of Damage, 1993, Fotografie

porträt der New Yorker Künstlerin Joanne Matuschka (*1954) ab. Das Foto mit dem Titel „Beauty out of Damage" zeigt sie in einem weißen Kleid, das wie ein antikes Kostüm nur eine Brust bedeckt, die amputierte Brust und die Operationsnarbe bleiben sichtbar. Matuschka wurde 1991 aufgrund einer Krebsdiagnose die rechte Brust entfernt. Sie beschreibt ihre Arbeit am „Körper-Material": „Actually, my breasts and my body have long been a focus of my work. I was a lingerie model in the seventies and in the eighties I photographed my nude figure among abandoned buildings. After my mastectomy, I was not only afraid for my life; I was upset about loosing my „material", about becoming asymmetrical und unesthetic. My „breastless" photographs became a challenge, a way to prove to myself that I could still use my body to make beautiful pictures."[26]

Matuschkas Performance hat zum einen eine bildnerische, malerische Bedeutung, denn die Künstlerin selbst handelt gleichzeitig als Akteurin und Leinwand. Ihr Körper wird zum Material, auf dem sich alle inneren Konflikte und äußeren Mächte manifestieren, die sonst auf der traditionellen Leinwand sichtbar geworden wären. Ihr Körper wird zum Werkzeug, um unbewusste, verdrängte Ängste freizusetzen. Er fungiert als Katalysator, einer individuellen wie gesellschaftlichen Angst Ausdruck zu verleihen. Matuschkas stigmatisierter Körper wird Zeichen des kollektiven Schmerzes. Gleichzeitig ist er aber auch ein Aufruf, sich dem gesellschaftlichen Druck idealer Körperlichkeit zu widersetzen: „I hope that my image will convey the idea that a woman with one breast or no breasts is entitled to be looked at and approved of. My message is: Don't wait for society to accept you. Have courage to face yourself – the whole package. You become the role model and society will follow."[27]

Aus dem Umgang mit ihrem Körperlich-Lebendigen als Gestaltungsmaterial und allerlei Requisiten entwickelt Cindy Sherman (*1954) ihre Bilder. Performative Technik und fotografische Inszenierung charakterisieren das Werk der New Yorker Künstlerin. Sherman erkundet die Bedingungen weiblicher Darstellungen, indem sie entgegen den gängigen Vorstellungen von idealer Körperlichkeit arbeitet. Sie schminkt sich absichtlich „hässlich", erscheint mit nachlässiger oder verfremdeter Frisur, gurtet sich Plastikbrüste oder -bäuche um, damit sie scheinbar altert und wirft sich unvorteilhafte Kleider über. In ihren „Fashion Series" dekonstruiert Sherman die Konventionen der Mode und die Stereotypen von Frauen-

7 Cindy Sherman, Untitled #282, 1993, Fotografie

darstellungen in den Massenmedien durch Übertreibung und Umkehrung. Der latente Schrecken und die suggestive Kraft ihrer Arbeit resultieren aus der schonungslosen Entlarvung von Wunschprojektionen und Leitbildern, welche das Verhalten von Einzelnen oder gesellschaftlichen Gruppen beeinflussen. Hier setzt ihre feministische Kritik an. Travestie, die Anwendung von Masken und Kostümen, die Hinzufügung schockierender Details bilden das Repertoire einer Bildwelt, in welcher der Körper keine Einheit mehr darstellt. Die Techniken der Zerstückelung und Fragmentierung verbinden sich bei Cindy Sherman mit der Vorstellung, dass Totalität oder Zusammenhang fragwürdig geworden sind.[28]

Seit 1990 arbeitet die französische Performance- und Multimedia-Künstlerin Orlan (*1947) am eigenen Körper. Orlan greift zu den radikalsten Mitteln, die vorstellbar sind. Mit Hilfe der ästhetisch-plastischen Chirurgie schreibt sie ihr am Computer entworfenes Selbstporträt in ihren eigenen Körper ein. Nach dem Prinzip der „Omniprésence"[29] stellt sie ihren Körper zur Schau – jede Operation wird auf Video aufgezeichnet und mittels interaktiver Techniken an unterschiedlichste Orte der Welt übertragen. Orlan beschreibt ihre technologisch geprägte Vorgehensweise: „L'art charnel ist eine Arbeit am Selbstportrait im klassischen Sinn, aber mit den technischen Mitteln unserer Zeit. Sie oszilliert zwischen Defiguration und Refiguration. Sie schreibt sich ins Fleisch ein, weil unsere Epoche uns das zu ermöglichen beginnt."[30] Zu Beginn ihrer Performance erarbeitete sich Orlan ihr Selbstporträt mit Hilfe eines Computers. Sie kombinierte das eigene Porträt mit Gesichtsfragmenten mythologischer Frauendarstellungen aus Renaissance, Rokoko und Klassizismus. Diese Art der Fragmentierung und Rekombination versteht Orlan als kulturelle Praxis, die sie in aller Radikalität vorführt: Der Körper wird zum Instrument, der Operationssaal zum Atelier.

Die Künstlerin übersetzt mit ihren Video-Performances Schmerzerfahrung in visuelle Bildoberflächen. Doch anders als Cindy Sherman, deren Fotos Ergebnisse genau kalkulierter Arrangements sind, zeigt Orlan die abgehobene Maske ihres neu kreierten Gesichtes und das darunterliegende Fleisch, das während der

8 Orlan, Opération réussie, 1990, Video, Courtesy Stephan Oriach, Paris

Operation – Schnitt für Schnitt – hervortritt. Betrachter ihrer Kunst können den Bildern kaum standhalten, wenden ihre Blicke ab. Die gängige Herstellungspraxis von idealisierter Körperlichkeit wird öffentlich inszeniert, als Schmerz thematisiert und kollektiv erfahren.[31] Orlan reflektiert in ihrer Arbeit die Auseinandersetzung mit der geglätteten „Ware" Schönheit, wie dies bereits Andy Warhol vorgeführt hat. Zugleich aber steht sie in der Tradition eines Joseph Beuys, der in seiner Rolle als verwundeter Schamane die Krankheit der ganzen Gesellschaft vergegenwärtigte. „By turning herself into a receiving set for signals sent by men to women for millennia, she absorbs and acts out the madness of a demand for an unachievable physical perfection."[32]

Der australische Multimedia-Performaner Stelarc (*1946) schließlich versteht seinen Körper als Cyborg-Körper.[33] Er verwendet medizinische Geräte, Prothesen, Roboter, Systeme der virtuellen Realität und das Internet, um die Reichweite des Körpers zu expandieren und zu steigern. Stelarc hat technische Komponenten unter die Haut implantiert und so die Auflösung der Körpergrenze und die Manipulierbarkeit des Körpers zum Thema gemacht. In seiner Performance „Third Hand" wird der Körper technologisch erweitert. Es entsteht eine unerwartete Symbiose von Mensch und Maschine, von technoidem Körper. Stelarcs Performances, bei der die Zuschauer zu Handelnden werden, indem sie über das „Stimbod" (Touch-Screen-Muskelstimulationssystem) Körperbewegungen auslösen können, lassen sich auf dem Hintergrund von modernen Medizintechniken verorten. Diese Biotechniken haben die Funktion, den Körper zu überwachen, körperliche Vorgänge aufzuzeichnen und zu modifizieren. Sie stellen Mittel bereit, welche die Körperstruktur manipulieren. Für Stelarc stellt sich die Frage: Wenn wir Prothesen hinzufügen oder implantieren, um das Leben eines Menschen zu verlängern, haben wir dann auch die Möglichkeit geschaffen eine postevolutionäre Entwicklung in Gang zu setzen? Stelarc geht es darum, die Dimension des Körperlichen durch die Mensch-Maschine-Schnittstelle zu erweitern: „Ein grafisches Interface für Gliederbewegungen stimuliert und initiiert die Bewegungen des wirklichen Körpers."[34] Der Körper ist Objekt der Gestaltung, Technologie dringt in den Körper ein. Gleichzeitig kommt dem Betrachter eine neue, interaktive Rolle zu, in der er sich der Verantwortung für sein Handeln bewusst werden kann.

Die Werke von Matuschka, Cindy Sherman, Orlan und Stelarc artikulieren neue Vorstellungen des Körperlichen, die uns mit der Auflösung von Körpergrenzen und der Stigmatisierung, Fragmentierung, Instrumentalisierung und Technisierung von Körperlichkeit in der Moderne konfrontieren. Käte Meyer-Drawe beschreibt diesen Vorgang: „Im Vordergrund steht nicht der gelebte Leib, sondern der vergesellschaftete, der eingebildete, der gedachte Leib, der gefangen ist in Modellen, die der Geist von ihm macht."[35] Künstlerische Arbeit am Körper als Kulturkritik – in dieser Dimension lassen sich die zitierten Beispiele als Konstruktionen deuten, die die Orientierung der lebensweltlichen Wirklichkeit radikalisieren und deren Fragilität zum Ausdruck bringen.[36] Das „Projekt des entgrenzten

Körpers" hat Thematisierungen hervorgebracht, die jenseits des Rahmens idealer Körperlichkeit agieren. Konventionelle Wahrnehmungsweisen werden umgestoßen und Perspektiven eröffnet auf eine erweiterte oder intensivierte Wahrnehmung der Realität.[37] In diesem Kontext wurden die eingangs erwähnten Fotos von Nick Knight möglich und können als Zeichen eines kulturellen Perspektivenwechsels interpretiert werden. Aimee Mullins hat diesen Wechsel treffend in Worte gefasst: „Ich will nicht, daß die Leute denken, ich sei schön trotz meiner Behinderung, sondern wegen meiner Behinderung. Es ist für mich eine Herausforderung, die herrschende Meinung darüber, was schön ist und was nicht, in Frage zu stellen."[38]

[1] Jean Baudrillard (1982): Der symbolische Tausch und der Tod. München (Matthes + Seitz), 165.

[2] Bilder, die noch fehlten. Zeitgenössische Fotografie. Anlässlich der Ausstellung im Deutschen Hygiene-Museum Dresden vom 6.9. – 8.10.2000. Ostfildern-Ruit (Hatje Cantz).

[3] Vgl. Lorenz Jäger (2000): Verbotene Blicke, erwünschte Blicke. In: Frankfurter Allgemeine Zeitung, Nr. 218, 19.9.2000, 58; Was macht eigentlich Aimee Mullins? In: Stern, 43/2000, 318.

[4] Vgl. Susan R. Bordo (1990): Reading the Slender Body. In: Mary Jacobus/Evelyn Fox Keller/Sally Shuttlewort (eds) (1990): Body/ Politics. Women and the Discourses of Science. New York (Routledge).

[5] Volker Rittner (1995): Selbstbehauptung mit dem Körper. Schlankheit, Fitness und Sportlichkeit als Körperideale und neue soziale Zwänge. In: Eberhard Göpel/Ursula Schneider-Wohlfart (Hrsg.) (1995): Provokationen zur Gesundheit. Beiträge zu einem reflexiven Verständnis von Gesundheit und Krankheit. Frankfurt/M. (Mabuse), 195–210, hier 195.

[6] Deutschlandfunk, Marktplatz, 17.8.00, 10.10 Uhr; Thorsten Tschirner/Christine Wolters (1999): Eine Gesellschaft im Fitness-Fiber. In: DB mobil, 11/1999, 20–26, hier 22; Heribert Klein (2000): Wer fit werden will, muß wissen: Sport und Turnen füllt Gräber und Urnen. In: Frankfurter Allgemeine Zeitung, Nr. 266, 15.11.2000, 64.

[7] Dietmar Kamper/Christoph Wulf (1982): Die Wiederkehr des Körpers. Frankfurt/M. (Suhrkamp); Eberhard Wenzel (Hrsg.) (1986): Die Ökologie des Körpers. Frankfurt/M. (Suhrkamp); Pasi Falk (1994): The Consuming Body. London, Thousand Oaks, Calif. (Sage Publications); Vgl. auch Gabriele Klein (2000): Das Leibeigene. Der menschliche Körper löst sich auf – und wird doch kultisch gepflegt. In: Die Zeit, Nr. 44, 26.10.2000, 40f.

[8] Anthony Giddens (1991): Modernity and Self-Identity. Self and Society in the late Modern Age. Cambridge (Polity), 8, 77.

[9] Spiegel Special, Lust am Leib, 4/1997, 96.

[10] Volker Rittner (1999): Körper und Identität. Zum Wandel des individuellen Selbstbeschreibungsvokabulars in der Erlebnisgesellschaft. In: Hans Günther Homfeldt (Hrsg.) (1999): „Sozialer Brennpunkt" Körper. Körpertheoretische und -praktische Grundlagen für die Soziale Arbeit. Baltmannsweiler (Schneider Verlag Hohengehren), 104–116, hier 107.

[11] Pierre Bourdieu (1976): Entwurf einer Theorie der Praxis auf der ethnologischen Grundlage der kabylischen Gesellschaft. Frankfurt/M. (Suhrkamp), 199.

[12] Kamper/Wulf 1982 (Anm. 7); Wenzel 1986 (Anm. 7), 9.

[13] Gertrud Pfister (1997): Zur Geschichte des Körpers und seiner Kultur – Gymnastik und Turnen im gesellschaftlichen Modernisierungsprozeß. In: Irene Diekmann/Joachim H. Teichler (Hrsg.) (1997): Körper, Kultur und Ideologie. Sport und Zeitgeist im 19. und 20. Jahrhundert. Bodenheim bei Mainz (Philo), 11–47, hier 27.

[14] Barbara Maria Stafford (1991): Body Criticism. Imaging the Unseen in Enlightenment Art and Medicine. Cambridge, Mass. (MIT Press).

[15] Vgl. Michael Andritzky/Thomas Rautenberg (Hrsg.) (1989): „Wir sind nackt und nennen uns Du". Von Lichtfreunden und Sonnenkämpfern. Eine Geschichte der Freikörperkultur. Gießen (Anabas).

[16] Vgl. Carl Heinrich Stratz (1905): Die Schönheit des weiblichen Körpers. Den Müttern, Ärzten und Künstlern gewidmet. Stuttgart (Verlag von Ferdinand Enke), 20; Hierzu Annegret Friedrich (1997): Kritik der Urteilskraft oder: Die Wissenschaft von der weiblichen Schönheit in Kunst, Medizin und Anthropologie der Jahrhundertwende. In: Annegret Friedrich/Birgit Haehnel/Viktoria Schmidt-Linsenhoff/Christina Threuter (Hrsg.) (1997): Projektionen. Rassismus und Sexismus in der Visuellen Kultur. Marburg (Jonas Verlag), 164–182.

[17] Otto Penz (1995): Schönheit des Körpers. In: Otto Penz/Wolfgang Pauser (Hrsg.) (1995): Schönheit des Körpers. Ein theoretischer Streit über Bodybuilding, Diät und Schönheitschirurgie. Wien (Rhombus), 7–53, hier 32.

[18] Vgl. Walburga Haas (1996): Der gesunde und der kranke Körper als soziokulturelles Gebilde. In: Angelika Wolf/Michael Stürzer (Hrsg.) (1996): Die gesellschaftliche Konstruktion von Befindlichkeit. Ein Sammelband zur Medizinethnologie. Berlin (Verlag für Wissenschaft und Bildung), 89–106.

[19] Rosmarie Erben/Peter Franzkowiak/Eberhard Wenzel (1986): Die Ökologie des Körpers. Konzeptuelle Überlegungen zur Gesundheitsförderung. In: Wenzel 1986 (Anm. 7), 13–120, hier 29.

[20] Gerhard Schulze (1992): Die Erlebnisgesellschaft. Kultursoziologie der Gegenwart. Frankfurt/M., New York (Campus), 40.

[21] Vgl. Ute Tschirge/Anett Grüber-Hrcan (1999): Ästhetik des Alters. Der alte Körper zwischen Jugendlichkeitsideal und Alterswirklichkeit. Stuttgart, Berlin, Köln (Kohlhammer), 12.

[22] Ulrich Beck (1986): Risikogesellschaft. Auf dem Weg in eine andere Moderne. Frankfurt/M. (Suhrkamp).

[23] Schulze 1992 (Anm. 20), 40.

[24] Peter Gross (1994): Die Multioptionsgesellschaft. Frankfurt/M. (Suhrkamp).

[25] Der Kriminalbiologe Mark Benecke untersucht die Praktiken und Motivationen der „Bodmod-Szene“: Mark Benecke (2000): Body Modification: Freiwillige massive Selbstbeschädigung im Kontext einer modernen westlichen Jugendsubkultur, 17.7.2000 (http://www.benecke.com/bodmod1.html); Vgl. auch Günther Stockinger (2000): Freiwillig ins Folterstudio. In: Spiegel online, 27.3.2000. (http://www.spiegel.de/spiegel/0,1518,71882,00.html).

[26] Matuschka (1993): Why I did it. In: Glamour Magazine, 11/1993. Zit. nach http://mindspring.com~enlightening/matuschka/why. html (12.05.2001).

[27] Ebenda.

[28] Vgl. Zdenek Felix/Martin Schwander (Hrsg.) (1995): Cindy Sherman. Photoarbeiten 1975 –1995. München, Paris, London (Schirmer/Mosel); Heinz-Norbert Jocks (1996): Cindy Sherman. „Gegengängig auf Widerruf“. Fotoarbeiten 1975–1995. In: Kunstforum International, Band 132, 345ff.

[29] Vgl. Orlan (2001): Omniprésence. In: http://www.cicv.fr/creation_artistique/online/orlan/index.html (12.05.2001); Matthias Schäfer (2000): Mediennutzung und Zeitfaktor in der

Aktionskunst. In: Kunstforum International, Band 151/2000, 106ff; Siehe auch Kathy Davis (1999): „My Body is my Art". Kosmetische Chirurgie als feministische Utopie? In: Peter Alheit/Bettina Dausien/Wolfram Fischer-Rosenthal/Andreas Hanses/Annelie Keil (Hrsg.) (1999): Biographie und Leib. Gießen (Psychosozial-Verlag), 247–263.

[30] Orlan, L'art charnel (1996). Zit. in: Bogomir Ecker/Bettina Sefkow (Hrsg.) (1996): Übergangsbogen und Überhöhungsrampe. Naturwissenschaftliche und künstlerische Verfahren. Symposion I und II. Hochschule für Bildende Künste Hamburg. Hamburg (Material-Verlag), 160.

[31] Christina Lammer (1995): Gesichter schneiden – Unter die Haut. Mediale Schnittstellen zwischen Kunst und Chirurgie. In: Ästhetik und Kommunikation (Medium Gesicht. Die faciale Gesellschaft), 94/95 (1995), 127–135.

[32] Barbara Rose (1993): Is ist Art? Orlan and the Transgressive Act. In: Art in America, New York (Brant Art Publications), 2/1993, 82–87, Fortsetzung 125, hier 86.

[33] Vgl. http://www.stelarc.va.com.au (12.05.2001); Stelarc (1996): Von Psycho- zu Cyberstrategien. Prothetik, Robotik und Tele-Existenz. In: Die Zukunft des Körpers I. Kunstforum International 132/1996, 72–81; Claudia Benthien (1999): Teletaktilität. Die Haut in den Neuen Medien. In: Claudia Benthien (1999): Haut. Literaturgeschichte – Körperbilder – Grenzdiskurse, Reinbek bei Hamburg (Rowohlt), 265–279; Stelarc (1996): Fraktale Körper. In: Kunst- und Ausstellungshalle der Bundesrepublik Deutschland, Bonn (Hrsg.): Tasten. Göttingen (Steidl), 316–327.

[34] Stelarc (1996): Ping Body. In: Kunst- und Ausstellungshalle der Bundesrepublik Deutschland, Bonn (Hrsg.): Tasten. Göttingen (Steidl), 328f.

[35] Käte Meyer-Drawe (2000): Der schöne Körper. Gefangener oder Gefängnis? In: Der blaue Reiter. Journal für Philosophie, 12 (2/2000), 12–15, hier 13.

[36] Vgl. Martin Seel (1993): Intensivierung und Distanzierung. Ästhetische Bildung markiert den Abstand von der Allgemeinbildung. In: Kunst + Unterricht 176, 48–49, hier 48.

[37] Vgl. Wolfgang Welsch (2000): Ästhetik außerhalb der Ästhetik. In: Der blaue Reiter. Journal für Philosophie, 12 (2/2000), 6–11.

[38] Michaela Simon (1998): Sind wir schön? In: Zeit magazin, Nr. 46, 5.11.1998, 27.

# Das ungleiche Paar

## Was unterscheidet schöne Männer von schönen Frauen?

Sabine Gieske

In den folgenden Ausführungen soll es um das Paar gehen, um das als modern entworfene ideale bürgerliche Paar, das heterosexuelle Paar, das im Laufe des 18. Jahrhunderts Thema diverser literarischer, medizinischer und philosophischer Schriften wird. Ich möchte mich also weder allein auf die Schönheit von Frauen noch allein auf die von Männern konzentrieren, sondern gerade die Beziehungsstruktur des Paares, die sich eben auch optisch, ästhetisch in den Gesichtern und auf der Haut niederschlägt, in ihrer Reziprozität, also in ihrer aufeinander gerichteten Bezüglichkeit, untersuchen.

Im 18. Jahrhundert haben wir den Schlüssel für ästhetische Codes und Erfahrungen zu suchen, die zumindest bis in die achtziger Jahre des 20. Jahrhunderts maßgebend waren. Was das bedeutet, soll einführend anhand eines Zitates, das hier als exemplarische Beschreibung genutzt wird, vorgestellt werden. Danach folgen Fragestellung, These und die Themenbereiche „Ästhetikregeln und Geschlechtscharaktere"; „Die Haut" sowie „Das Problem des Alterns". Beendet werden diese Gedanken schließlich mit einer Schlussbetrachtung.

Zunächst also das etwas längere Zitat von 1993. Es stammt von Bert Büllmann, einem Redakteur mit kulturwissenschaftlichem Spürsinn, das auf leicht ironische Weise ein Problem anreißt, das zum Nachdenken über ästhetische Geschmacksregeln geradezu einlädt. Er schreibt: „Paul Newman, ein Mann mit dem Profil und Körper eines griechischen Gottes, wünschte sich schon zu Beginn seiner Karriere nichts sehnlicher als 'durchschnittlicher auszusehen'. Die eigene Schönheit ist ihm noch immer peinlich. Privat trägt er Bart und versteckt seine strahlend blauen Augen, die bei Theaterauftritten schon zu lautstarken Begeisterungskundgebungen aus den ersten Reihen führten, hinter einer dunklen Sonnenbrille.

Paul Newman will nicht schön sein. Bei einem 'echten Kerl' ist es immer verdächtig, wenn er zu gut aussieht. Denn die Schönheit ist das Vorrecht der Frauen, und Männer, die dieses Recht beanspruchen, gelten als weibisch. 'Schönling' ist ein Schimpfwort. 'Echte Männer' sind allenfalls 'interessant' oder 'kantig': John Wayne, Jack Nicholson, Walter Matthau oder Edward G. Robinson – schön sind sie beileibe nicht. Humphrey Bogart – der ultimative Filmstar, Rollenmodell für Generationen von Männern – ist häßlich: klein, schlechte Figur, zu kurze Oberlippe, Dackelstirn, zu wenig Haare. Aber das scheint die Fans genausowenig zu stören wie James Stewarts Pferdegesicht, Clark Gables abstehende (sic) Ohren, James Cagneys Knollennase, Dustin Hoffmans Pausbacken oder Al Pacinos Augenringe. Was beim Mann zählt, sind in erster Linie Ausstrahlung, Charakter und Charisma – Schönheit ist zweitrangig."[1]

Die sich aus diesem Zitat ergebende Frage lautet für mich: Wieso bewerten wir Schönheit von Frauen und Männern unterschiedlich? Warum ist sie für die einen ein unschätzbarer Wert und für die anderen zumindest noch bis vor Kurzem eine anrüchige Angelegenheit? Meine These ist, dass diese ästhetischen Regeln einem Geschmacksurteil folgen, das im 18. Jahrhundert seine Wirkungskraft erhält und damit tendenziell bürgerlichen Idealen verpflichtet ist. Unsere Vorstellungen über einen schönen Mann und eine schöne Frau sowie über eine ganz bestimmte geschlechtsspezifische Körpererscheinung und Körperpflege sind kulturell vermittelt und Ausdruck einer bestimmten Ordnung. Diese Ordnung entspringt einem auf Dualismus angelegten Geschlechtermodell, das bis über die Mitte des 20. Jahrhunderts vor allem unbewusst reproduziert wird und für die adäquate Präsentation als Paar von großer Bedeutung ist.

## Ästhetikregeln und Geschlechtscharaktere

Dass Männer und Frauen polar und auf gegenseitige Abgrenzung hin entworfen wurden, dazu hat die Frauen- und Geschlechterforschung in den letzten Jahren zahlreiche Studien geliefert.[2] Karin Hausen hat wohl als eine der Ersten bereits 1987 darauf aufmerksam gemacht. Den Beginn der „Polarisierung der Geschlechtscharaktere", wie sie es nennt, datiert sie in das 18. Jahrhundert.[3] Zwar betont sie, dass Männer und Frauen auch schon vorher kontrastiert wurden, dass aber die Betonung des Geschlechtscharakters und seine Ableitung aus der Natur eine neue Qualität ausmache. Nun nämlich – und das haben mittlerweile viele andere Studien bestätigt[4] – wird die „Natur" zum Maßstab erklärt; die „Natur des Menschen" wird in philosophischen, literarischen, pädagogischen und medizinischen Abhandlungen als bestimmend für den Unterschied der Geschlechter angeführt.

Hausen kann durch die Auswertung verschiedener Lexika und anderer Schriften des 18. und 19. Jahrhunderts nachweisen, dass Männern und Frauen ganz unterschiedliche Merkmale zugeschrieben wurden. Charakterisierte Männer aktives Tun wie Energie, Kraft, Willenskraft, Tapferkeit oder Kühnheit, so kennzeichnete Frauen Passivität, Schwäche, Ergebung, Hingebung, Bescheidenheit. War er selbständig, dann war sie abhängig, war er rational, so war sie emotional. Galt für ihn Kraft und Würde, galt für sie Anmut und Schönheit.[5] Die „polaristische Geschlechterphilosophie" leistet ihrer Meinung nach die theoretische Grundlage für die Aufspaltung und gleichzeitige Harmonisierung der von der Aufklärung als Ideal entworfenen vernünftigen Persönlichkeit. Erst die Ergänzung der in der Frau zur Vollkommenheit entwickelten Weiblichkeit mit der im Mann zur Vollkommenheit entwickelten Männlichkeit sollte die Annäherung an das Ideal der Menschheit ermöglichen.[6] Dieses duale Modell aber war nicht als antagonistisches, sondern zunächst als komplementäres Modell gedacht. Es versprach harmonische Einheit der Geschlechter in einer göttlichen und natürlichen Weltordnung. Die gegenseitige Ergänzung wurde als Chance auf eine höhere Humanität angesehen.[7]

Auffällig ist, dass etwa seit Mitte des 18. Jahrhunderts auch eine Debatte über die unterschiedliche Schönheit der Geschlechter einsetzt, die in ihrer kulturhistorischen Bedeutung bislang kaum zur Kenntnis genommen worden ist. In einer

Zeit, in der sich tendenziell traditionell-feudale Verhältnisse auflösen und sich die „bürgerliche Gesellschaft" entwickelt, gerät der eitle „Putz" gerade bei Männern ins Kreuzfeuer der Kritik. Als Schönheitsexperten melden sich vor allem aufgeklärte Mediziner zu Worte und erklären, dass das Ideal der weiblichen Haut weiterhin eine weiße Farbe ist, während für den Mann ein brauner Hautton adäquat scheint.[8] Darf die privilegierte Frau sich weiterhin schminken, sofern es nun „natürlich" wirkt, wird es für ihn zum Tabu. Während sie die Schönheit und die weiche Haut adelt, wird der Begriff „Schönling" oder zeitgenössisch ausgedrückt „petit maître" für ihn zum Schimpfwort.[9] Körperbau und Körperpraktiken, Gesichtszüge und Haut haben sich bald, genau wie die öffentlichen und privaten Sphären, in denen sich die Geschlechter zu bewegen haben, unterschieden.

Die Genderforschung hat das Komplementaritätsdenken in seiner ungeheuren Wirkungskraft aufgedeckt und gezeigt, welche Machtverschiebungen vor allem zu Ungunsten von Frauen damit verknüpft waren. Allerdings steckt eine Analyse, die sich darauf aufbauend, auch auf die polarisierenden Körpertechniken von Männern und Frauen beziehen würde, noch in den Anfängen. Noch zu wenig haben wir in den Gesichtern von Männern und Frauen selbst gelesen: Wir kennen die Gesichter von Männern und Frauen und kennen sie doch nicht, weil wir die geschlechtsspezifischen Unterschiede nicht bewusst wahrnehmen. Um aber zu begreifen, welche Regeln Geschlechtlichkeit konstituieren, müsste die Ästhetik von Paaren (z.B. jenseits der Kleidung) genauer betrachtet und die Körperoberfläche als symbolische Fläche befragt werden. Die Wirkungsästhetik des Kopfes stünde dabei im Mittelpunkt des Fragens; gerade der Kopf, der in besonderem Maße den Körper repräsentiert, müsste auf Topoi und Kategorisierungen hinterfragt werden. Ein Blick auf den Gebrauch von Kosmetik, auf die Form der Augenbrauen oder überhaupt auf Falten, Pickel, Teint würde damit unmittelbar in die Geschichte von Körperdiskursen hineinführen.

## Die Haut

Der Blick in die Quellen, die uns Auskunft geben über Schönheits- und Kosmetikregeln, ist erhellend. 1747 veröffentlicht ein Arzt, der es vorzieht, anonym zu bleiben, eine Schrift, die er „Leibdiener der Schönheit" nennt. Zwar beschäftigt er sich darin, wie es für diese Schriften üblich ist, vorzugsweise mit der Schönheit von Frauen, aber er äußert sich auch über die Schönheit von Männern. Schön zu sein, so schreibt er, sei für Männer nicht entscheidend, sie laufe sogar der Natur des Mannes zuwider, denn eine gar zu schöne männliche Gestalt verweise auf sein Gegenteil, nämlich auf ein weibliches Gemüt. Ein solcher Mann sei schwach, faul und tölpisch. Männer, so argumentiert er, hätten sich keines Ausputzes zu bedienen. „Weg mit solchen geputzten Kerlen", fordert er daher.[10] Auch der berühmte Arzt Johann Peter Frank kritisiert das Schminken der Männer. 1783 zieht er etwa bei Soldaten gegen die „Verunreinigung des Angesichts durch ranziges Fett und verstopfende Farbe" zu Felde. Ebenso ihre Haare werden zum Anlass seiner Beanstandung. Nur durch kurzgeschnittene Haare „würde dem Soldaten der Aufwand für Puder und Bänder, und die Zeit ersparet, welche er vor dem Nachttische zubringen muß."[11]

Auffällig ist: Je massiver die Rede vom „schönen Geschlecht" geführt wird, desto peinlicher wird die vom schönen Mann.[12] Seine Haut zu pflegen, sie zu berühren, sie weiß, geschmeidig und glatt zu erhalten, ist keine männliche Tugend. Während die Autoren der Schönheits- und Kosmetikschriften in der Mitte des 18. Jahrhunderts in ihren Bezügen auf die Antike noch den Gebrauch von Schminken auch für Männer – etwa im Zuge religiöser Praktiken – beschreiben, fehlen spätestens im 19. Jahrhundert Verweise dieser Art ganz. Sukzessive bildet sich der geschichtsglitternde Mythos heraus, dass nur Frauen sich geschminkt hätten. Als Beweis dafür werden antike Frauenfiguren erwähnt, aber einen Verweis auf geschminkte antike Männerfiguren sucht man bald vergebens.

Der geschminkte Mann erscheint den Ärzten sukzessive als verzärtelt und im Kontext der Adelskritik nicht als richtiger Mann. Eine körperliche Selbstinszenierung, die mit bunten Stoffen oder Spitzentaschentüchern leuchtend und verführerisch wirkt, verliert für bürgerliche Männer an Bedeutung; mehr noch, sie macht ihn unmännlich, zu weich und bringt ihn in den Verdacht der Homosexualität. Weil das Schminken und generell das Schöne zunehmend mit Gefühl und mit Empfindungen gleichgesetzt, also weiblich konnotiert wird, kann es nicht mehr mit einem modernen, rational agierenden Mann-Sein in Übereinstimmung gebracht werden; an ihm wirkt es nun anstößig und peinlich. Das Komplementaritätsdenken der naturphilosophischen Debatten schreibt den Geschlechtern unterschiedliche Sphären zu. „Weiblichkeit", zumindest die der privilegierten Kreise, präsentiert sich weiterhin über Mode, Luxus und über eine weiße, glatte Haut, die noch immer durch Schminken und Pasten (sofern sie etwa durch Feuer- und Riechproben auf gesundheitliche Risiken überprüft worden sind) hergestellt wird. „Männlichkeit" dagegen hat sich nun anders zu präsentieren. Ein schöner Männerkopf hat Stärke, Mut und Gegenwart des Geistes zu symbolisieren.[13] Intellekt des Mannes versus Emotion der Frau – diese Dualität muss sich auch optisch, ästhetisch in den Gesichtern selbst widerspiegeln.

Die Stellung der Geschlechter in Staat und Gesellschaft wird seit der Mitte des 18. Jahrhunderts nicht nur über die Frage des Naturrechts bestimmt, sondern ebenso über die vermeintlich natürliche Körperbeschaffenheit des Menschen. Auch der Züricher Pfarrer und Naturwissenschaftler Johann Caspar Lavater beteiligt sich mit seinen „Physiognomischen Fragmenten" 1775 an diesen Debatten. Er stellt unter dem Kapitel „Frauenspersonen. Allgemeine Betrachtungen" über das Verhältnis der Geschlechter fest: „Der Mann fester – das Weib weicher. Der Mann gerader – das Weib schlanker. Der Mann steht – das Weib tritt leis auf. Der Mann schaut und beobachtet – das Weib blickt und empfindet. Der Mann ist höher und breiter – das Weib kleiner und schmächtiger. Der Mann zäher und roher – das Weib glätter und sanfter. Der Mann brauner – weißer das Weib. Faltiger der

Mann – Einfaltiger die Frau. Stärker und kürzer behaart der Mann; zärter und länger das Weib. Der Mann hat gedrängtere Augenbraunen; lichtere das Weib."[14] Auch wenn nicht direkt erwähnt, so sind diese Gegenüberstellungen doch vor allem in Bezug auf die Haut zu lesen, die – und das sei betont – kulturwissenschaftlich kaum untersucht ist. Ist seine fest, zäh, roh, braun, faltig, behaart, so ist ihre weicher, glatter, sanfter, weißer und zarter behaart. Die Haut selbst wird zum Zeichen einer neuen Gesellschaft- und Geschlechterordnung; sie wird zu einer bedeutungstragenden Fläche[15], die Aufschlüsse vermittelt. Nicht zufällig werden Physiognomik und Pathognomik gerade in der Zeit zu einer beherrschenden Disziplin, als die Haut ungeschminkt und natürlich zu sein hat.[16] Müssen wir damit also die unverbergende Haut als Zeichen der Zeit lesen und als symbolische Fläche deuten, auf der sich Individuelles abbildet?

Claudia Benthien hat unlängst in ihrer sehr anregenden Monographie „Haut. Literaturgeschichte – Körperbilder – Grenzdiskurse" herausgearbeitet, dass die Codierung von Weiblichkeit auf der Haut stattfindet, die von Männlichkeit darunter. Weiblich ist nur die Haut, die zart und glatt wirkt, nicht jedoch die, die sich durch eine kräftige Schicht aus Muskeln darunter auszeichnet. Auffällig ist, dass das Körperbild von Männern in literarischen, philosophischen und medizinischen Texten als verpanzerte, dicke, starke, feste Haut erscheint (wie das Beispiel Siegfried verdeutlicht), die Hautoberfläche von Frauen dagegen als glatt, durchscheinend, empfindsam beschrieben wird. Auch die Hautfarbe ist wichtig: Helle Haut steht für Empfindung und damit „Weiblichkeit"; dunkle Haut für Dynamik, „Männlichkeit".[17]

## Das Problem des Alterns

Bezüglich der Haut soll an dieser Stelle noch ein anderer Aspekt beleuchtet werden und zwar der des Alterns. Auch hier sind geschlechtspezifische Unterschiede festzumachen. Auffällig ist, dass verschiedene Autoren seit Ende des 18. Jahrhunderts die Idee verbreiten, Frauen würden von „Natur" aus schneller altern als Männer. In seiner „Anthropologie in pragmatischer Hinsicht" erwähnt auch Immanuel Kant diesen Unterschied der Geschlechter. Im Kapitel „Vom Charakter des Geschlechts" heißt es: „Daher wird jede erfahrene Ehefrau die Heirat mit einem jungen Manne auch nur von gleichem Alter widerraten; denn im Fortgange der Jahre ältert doch der weibliche Teil früher als der männliche".[18] Nicht nur die Philosophie, sondern auch die Medizin beschreibt das Altern der Frau als problematischen Prozess. Die aus dem Französischen 1810 übersetzte „Naturgeschichte des Weibes. Ein Handbuch für Aerzte und gebildete Leser und Leserinnen aus allen Klassen", im Original verfasst von dem Franzosen J.L. Moreau, stellt verschiedene funktionsgebundene Lebensphasen von Frauen vor. Nach dem ersten, dem kindlichen Stadium wächst die Frau in die zweite, die als wichtig beschriebene Phase der Mannbarkeit, in der auch die monatliche Reinigung eintritt. In dieser Lebensphase werden die Frauen schön und wollen gefallen. Die dritte Phase wird als der eigentliche Höhepunkt der Entwicklung angesehen. Sie ist charakterisiert durch eheliche Liebe und Zärtlichkeit. Jetzt erst ist die Frau vollkommen und richtet ihre ganze Energie auf Ökonomie und Kinder. Doch – und das ist eine Gefahr – die Schönheit verblüht mit dem Gebären und Erziehen. Die letzte Phase dann ist gekennzeichnet durch verblichene Schönheit und den Zerfall des Naturkörpers.[19]

Konnte die Frau ihren weichen Körper und den schwachen Geist während ihrer Fruchtbarkeit noch durch die Gaben der Natur, nämlich durch Schönheit, Anmut, Grazie, Leichtigkeit, Empfindung und Gefühl ausgleichen, so hat sie als alte Frau dieses Gegengewicht nicht mehr und kann daher auch nicht mehr mit Anerkennung rechnen.[20] Mehr noch, Falten und andere Zeichen des Alters verweisen geradezu auf das Ende ihrer wahren, von der Natur so festgeschriebenen Bestimmung. Folgerichtig gelten beispielsweise Falten bei ihr als hässlich und werden verachtet. Beim Mann dagegen werden sie als Zeichen für Erfahrung und Weisheit interpretiert, der man mit Hochachtung zu begegnen hat. Und so argumentiert der Anatom und Chirurg Peter Camper in seinen „Vorlesungen über den Ausdruck der verschiedenen Leidenschaften durch die Gesichtszüge", die 1793 veröffentlicht wurde: „Wir erkennen an jedem Alter eine besondere und eigene Schönheit. Wir haben auch alle eine gewisse Hochachtung und Ehrerbietung für die Miene eines alten Mannes, wahrscheinlich aus einem moralischen Grunde. (...) Und gleichwohl wird dieselbe Veränderung der Form, die von dem zunehmendem Alter unzertrennlich ist, an einer alten Frau für häßlich und verächtlich gehalten. Gewiß bloß deshalb, weil sie keine Liebe mehr einflößt, und ihre Fruchtbarkeit, diesen hohen und glänzenden Vorzug in den Augen der Männer, das ist, den wahren Zweck der Bestimmung, die Fähigkeit zur Fortpflanzung, durch das Alter verloren hat. Wir schreiben dem Greise tiefere Einsicht, mehr Erfahrung und größere Weisheit zu; wir verbinden alle schätzbaren Eigenschaften mit seinen silbernen Haaren, seiner runzeligen Haut und seinem zahnlosen Munde, welche deshalb, und nicht der Form wegen, unsere Bewunderung, unsere Ehrerbietung und den Ehrennahmen schön erhalten."[21]

## Schlussbetrachtung

Deutlich werden sollte aus meinen Ausführungen, dass wir in der Schönheit von Männern und Frauen jeweils etwas kulturell Unterschiedliches zu sehen gelernt haben. Maßgeblich beeinflusst sind wir dabei durch Naturdebatten des 18. Jahrhunderts, in denen vor allem auch Mediziner den Körper von Männern und Frauen neu beschrieben. Neben hier nicht erwähnten Körperteilen wie Skelett oder Gehirn, waren es u.a. auch Haut und Gesicht, auf die sich das damalige Interesse konzentrierte. Mediziner, aber auch Philosophen und Literaten entwarfen Unterschiede in der Dicke, Farbe, Glätte oder dem Altern der Haut; diese wurden lesbar gemacht für die Codierung von „Männlichkeit" und „Weiblichkeit".

Auch wenn wir meinen, wir hätten uns im 21. Jahrhundert seit langem emanzipiert von Debatten und Ideen des 18. Jahrhunderts, so muss wohl doch festgehalten werden, dass sie noch immer unbewusst in unserem Körper wirken und unsere Handlungen im Kontext von Schönheit steuern. Auch wenn wir heute das unterschiedliche Altern der Geschlechter als Konstruktion entlarven und lachen wollen über Äußerungen wie die des Anatomen Camper, so leben wir als Frauen mit Körpererfahrungen und Körperängsten, die trotzdem darauf aufbauen. Auch Männer sind tangiert von diesen ästhetischen Regeln, die ihnen Attraktivität als Tugend lange Zeit abgesprochen haben. Strafende Blicke oder Bemerkungen trafen den, der als Mann ein Zuviel an Körperpflege betrieb und mehr machte, als von einem „richtigen", d.h. heterosexuellen Mann erwartet wurde.[22]

Zwar liegen mittlerweile diverse Studien vor, die sich kritisch mit körperlicher Schönheit von Frauen auseinandergesetzt haben[23], doch zum Thema Männerschönheit suchen wir vergebens. Zu fragen bliebe daher, woran diese eigenartige Differenz in der Bewertung und wissenschaftlichen Bearbeitung des Themas Männer- und Frauenschönheit liegt. Es scheint kein Zufall zu sein, dass wir zwar über den „Schönling" wenig wissen, das Thema Bodybuilding, bei dem es um Aspekte wie Kraft, Muskeln, Willenskraft geht, aber durchaus diskutiert wird. Wissenschaftliche Fragestellungen und Neugierde orientieren sich damit offensichtlich noch immer an Regeln, die in Bezug auf Schönheit und Körperlichkeit nach alten Dualismen und Polarisierungen verlaufen.

[1] Bert Büllmann (1993): Männer Beauties. Umgang mit einem überschminkten Tabu. In: Beauties. Faszination des schönen Scheins. Starfotografien aus dem Filmhistorischen Bildarchiv Peter W. Engelmeier. München (PWE-Verlag), 12–17, hier 12f.

[2] Vgl. Claudia Honegger (1991): Die Ordnung der Geschlechter. Die Wissenschaften vom Menschen und das Weib 1750–1850. Frankfurt/M., New York (Campus); Liselotte Steinbrügge (1983): Die Aufteilung des Menschen. Zur anthropologischen Bestimmung der Frau in Diderots Encyclopädie. In: Ilse Brehmer u.a. (Hrsg.) (1983): Frauen in der Geschichte IV: „Wissen heißt leben ...". Beiträge zur Bildungsgeschichte von Frauen im 18. und 19. Jahrhundert. Düsseldorf (Schwann), 51–65; Irene Dölling (1991): Der Mensch und sein Weib. Frauen- und Männerbilder. Geschichtliche Ursprünge und Perspektiven. Berlin (Dietz); Silvia Bovenschen (1979): Die imaginierte Weiblichkeit. Exemplarische Untersuchungen zu kulturgeschichtlichen und literarischen Präsentationsformen des Weiblichen. Frankfurt/M. (Suhrkamp).

[3] Vgl. Karin Hausen (1976): Die Polarisierung der „Geschlechtscharaktere" – Eine Spiegelung der Dissoziation von Erwerbs- und Familienleben. In: Werner Conze (Hrsg.) (1976): Sozialgeschichte der Familie in der Neuzeit Europas. Neue Forschungen. Stuttgart (Klett), 363–393.

[4] Vgl. Barbara Duden (1987): Geschichte unter der Haut. Ein Eisenacher Arzt und seine Patientinnen um 1730. Stuttgart (Klett-Cotta); Thomas Laqueur (1992): Auf den Leib geschrieben. Die Inszenierung der Geschlechter von der Antike bis Freud. Frankfurt/M., New York (Campus); Londa Schiebinger (1995): Am Busen der Natur. Erkenntnis und Geschlecht in den Anfängen der Wissenschaft. Stuttgart (Klett-Cotta).

[5] Vgl. Hausen 1976 (Anm. 3), 368; Vgl. auch das von Hausen zitierte "Conversations-Lexikon oder Handwörterbuch für die gehobenen Stände", Bd. 4, Leipzig/Altenburg 1815: "Daher offenbart sich in der Form des Mannes mehr die Kraft, in der Form des Weibes mehr die Idee der Schönheit". Ebenda, 366.

[6] Ebenda, 373.

[7] Ebenda, 378.

[8] Vgl. Johann Caspar Lavater (1775): Physiognomische Fragmente zur Beförderung der Menschenkenntnis und Menschenliebe (hrsg. von Christoph Siegrist). Stuttgart 1992, 269.

[9] Vgl. Grimmsches Wörterbuch von 1899, 1522; hier verweist Grimm unter dem Stichwort „Schönling" auf Campe, der diesen

Begriff als „verdeutschung“ von petit maître vorschlägt. Schönling oder Schönherr bezeichnet dabei einen Mann, der durch „Putz, schönes Äußeres und Artigkeit zu glänzen sucht“.

[10] Leibdiener der Schönheit. Oder Neuentdeckte Geheimnisse Von der Schönheit der Frauenzimmer, Wie solche Durch bewährte Mittel zu erlangen, beständig zu erhalten, und bey ereigneter Abnehmung wieder zu verbessern sey (1747): Bey Hermann Jägern und J. G. Müllern. Leipzig und Bremen, 108.

[11] Johann Peter Frank (1783): System einer vollständigen medicinischen Polizey. 3. Band. Mannheim, 743.

[12] Erwähnt sei hier z.B. Johann Christoph Adelung, der 1796 schreibt: „Das weibliche Geschlecht, welches bey Menschen auch das schöne Geschlecht, das schwächere Geschlecht und das andere Geschlecht genannt wird“. Zitiert nach Hausen 1976 (Anm. 3), 370.

[13] Vgl. (C.G. Flittner) (1797): Anmuth und Schönheit aus den Misterien der Natur und Kunst für ledige und verheirathete Frauenzimmer mit Kupfern. Berlin, 61.

[14] Johann Caspar Lavater 1775 (Anm. 8), 267–269.

[15] Vgl. Claudia Benthien (1999): Haut. Literaturgeschichte – Körperbilder – Grenzdiskurse, Reinbek bei Hamburg (Rowohlt), 280.

[16] Ebenda, 285; Vgl. auch Claudia Schmölders (1997): Das Vorurteil im Leibe. Eine Einführung in die Physiognomik. Berlin (Akademie-Verlag).

[17] Vgl. Benthien 1999 (Anm. 15), 123.

[18] Karl Vorländer (Hrsg.) (1980): Immanuel Kant. Anthropologie in pragmatischer Hinsicht. Hamburg (Meiner), 257.

[19] Vgl. J.L. Moreau (1810): Naturgeschichte des Weibes. Ein Handbuch für Aerzte und gebildete Leser und Leserinnen aus allen Klassen. Nach Moreau bearbeitet von D. Rink und J.K.Fr. Leine. 4 Bde. Leipzig, hier Bd. 2, 7f. Zitiert nach Edith Stolzenberg-Bader (1989): Weibliche Schwäche – Männliche Stärke. Das Kulturbild der Frau in medizinischen und anatomischen Abhandlungen um die Wende des 18. zum 19. Jahrhundert. In: Aufgaben, Rollen und Räume von Frau und Mann (1989). Teilband 2. Veröffentlichungen des „Instituts für Historische Anthropologie e.V.“ (hrsg. von Jochen Martin und Thomas Nipperdey, Bd. 5/2). Freiburg/Breisgau, München (Alber), 751–818, hier 811.

[20] Vgl. Stolzenberg-Bader 1989 (Anm. 19), 784–786.

[21] Camper zitiert nach ebenda, 814f.

[22] Vgl. Carol Hagemann-White/Christine Maria S. Rerrich (Hrsg.) (1988): FrauenMännerBilder.

Männer und Männlichkeit in der feministischen Diskussion. Bielefeld (AJZ-Verlag); Christine Eifert u.a. (Hrsg.) (1996): Was sind Frauen? Was sind Männer? Geschlechterkonstruktionen im historischen Wandel. Frankfurt/M. (Suhrkamp); Thomas Kühne (Hrsg.) (1996): Männergeschichte – Geschlechtergeschichte. Männlichkeit im Wandel der Moderne. Frankfurt/M., New York (Campus).

[23] Vgl. Farideh Akashe-Böhme (Hrsg.) (1992): Reflexionen vor dem Spiegel. Frankfurt/M. (Suhrkamp); Naomi Wolf (1991): Der Mythos Schönheit. Reinbek bei Hamburg (Rowohlt); Rita Freedman (1989): Die Opfer der Venus. Vom Zwang, Schön zu sein. Zürich (Kreuz-Verlag); Wendy Chapkis (1995): Schönheitsgeheimnisse – Schönheitspolitik. Frankfurt/M. (Fischer); Vgl. zum Thema Schönheit auch: Bernd Guggenberger (1995): Einfach schön. Schönheit als soziale Macht. Hamburg (Rotbuch-Verlag); Elizabeth Haiken (1997): Venus Envy. A History of Cosmetic Surgery, Baltimore (Johns Hopkins University Press); Kathy Peiss (1998): Hope in a Jar. The Making of America's Beauty Culture. New York (Metropolitan Books); Gesa Dane (1994): „Die heilsame Toilette". Kosmetik und Bildung in Goethes 'Der Mann von funfzig Jahren'. Göttingen (Wallstein-Verlag); Die wenigen Studien zur Kosmetikgeschichte sind immer noch sehr verallgemeinernd. Vgl. Richard Corson (1972): Fashions in Make-up. From Ancient to Modern Times. London (Owen).

# Der Körper als Handikap auf dem Weg in den Beruf

Uta Zybell

Der Titel dieses Beitrages mag vielleicht verwundern, ist doch vom Körper als einem Handikap im Kontext von Berufsorientierung die Rede. Ich hoffe, diese Irritation im Verlauf meiner Ausführungen auflösen zu können.

Körper sind m.E. Träger gesellschaftlicher Verortung. Denn Körper gelten – insbesondere für Frauen – auch als Orte, über die die in einer Gesellschaft herrschenden Normen und Werte vermittelt werden. Der Körper umschließt alles nach außen Wahrnehmbare, er ist stark definiert über Geschlechtsmerkmale, beinhaltet aber ebenso verinnerlichte Rollenmuster und Verhaltenserwartungen, die in Haltung und im Auftreten deutlich werden. Die so gestaltete Geschlechtlichkeit dient als Legitimation von Status- und Behandlungsunterschieden zwischen Männern und Frauen und ist damit eine entscheidende Barriere für die Gleichstellung der Geschlechter.

In diesem Beitrag wird der Fokus auf die Dimension des Körpers bei der Berufsorientierung gelegt. Der Blick richtet sich insbesondere auf junge Frauen und ihre Lebensrealitäten, die immer wieder in der Gegenüberstellung zu denen der jungen Männer betrachtet werden. Im Zentrum der Ausführungen steht die Phase der Adoleszenz als einem Zeitraum, in dem eine konkrete Berufsentscheidung für jene junge Menschen ansteht, die nach dem Haupt- oder Realschulabschluss in die Berufsausbildung einmünden. Die Aussagen beruhen auf einer Untersuchung zum Berufswahlverhalten von Jugendlichen, die 1998 in Hessen von mir durchgeführt wurde. Diese qualitative Studie, bei der junge Frauen und junge Männer im Alter von 16 bis 18 Jahren ein Jahr vor ihrem Haupt- bzw. Realschulabschluss interviewt wurden, erhebt keinen Anspruch darauf, repräsentativ die Situation junger Frauen und Männer zu erfassen, sie gibt aber wichtige Hinweise auf typische Muster bei der Berufswahl. Theoretische Ansätze zur Adoleszenz-

und Geschlechterforschung bilden ebenso den Hintergrund für meine Betrachtungen wie die Auseinandersetzung mit weiblicher Moralentwicklung und Berufsorientierung junger Frauen.[1]

Im Folgenden soll die Ausgangssituation für meine Betrachtungen zur Körperebene bei der beruflichen Orientierung umrissen und der Begriff der Berufsorientierung erläutert werden.

In den vergangenen 20 Jahren hat sich trotz vielfältiger Wandlungsprozesse im Geschlechterverhältnis am geschlechtsspezifischen Berufswahlverhalten nicht viel geändert. Sowohl junge Frauen als auch junge Männer beziehen überwiegend nur eine geringe Anzahl von Berufen in ihre Erwägungen ein, obwohl ihnen formal das gesamte Berufsspektrum offensteht. Während sich männliche Jugendliche vorrangig für technisch-handwerkliche Berufe entscheiden – Kfz-Mechaniker, Maler/Lackierer, Tischler und Elektroinstallateur gehören seit vielen Jahren unverändert zu den am häufigsten gewählten Ausbildungsberufen –, bevorzugen weibliche Jugendliche den kaufmännischen und sozial-pflegerischen Bereich – an oberster Stelle rangieren die Bürokauffrau, die Einzelhandelskauffrau und die Arzthelferin.[2]

Trotz veränderter Berufsmotivation, gesteigerter Teilhabe an allgemeiner und beruflicher Bildung und vielfältiger Informationskampagnen zu gewerblich-technischen und naturwissenschaftlichen Berufen konzentrieren sich junge Frauen mehrheitlich nach wie vor deutlich auf traditionell als „weiblich" geltende Berufsfelder. Diese sind insbesondere dadurch gekennzeichnet, dass sie geringe Entlohnung, ungünstige Arbeitsbedingungen, schlechte Beschäftigungssicherheit, kaum Aufstiegsmöglichkeiten und wenig gesellschaftliche Anerkennung implizieren. Es ist also ein Trugschluss, davon auszugehen, die Chancengleichheit sei inzwischen durch die Angleichung der Bildungsbeteiligung und der -abschlüsse erreicht. Vielmehr verengen sich die Türen, die im allgemeinen Bildungsbereich für Mädchen offenstehen, im Ausbildungs- und Erwerbsbereich zu deutlich schmaleren Durchgängen.

Wie kommen die jungen Frauen dazu, sich freiwillig immer wieder selbst in ihren beruflichen Chancen zu beschränken und den jungen Männern den Vortritt zu attraktiven und lukrativen Berufen zu überlassen, obwohl es für junge Frauen heutzutage selbstverständlich ist, sich beruflich zu qualifizieren? Mit einem derartigen Berufswahlverhalten reproduzieren sie die geschlechtsspezifische Segregation auf dem Ausbildungs- und Arbeitsmarkt immer wieder aufs Neue.

Das Bild ihres zukünftigen Berufes bzw. ihre Berufsvorstellungen insgesamt entwerfen die Jugendlichen vor dem Hintergrund ihrer Sozialisation. Berufsorientierung ist deshalb als langfristiger, außerordentlich komplexer und zudem oft widersprüchlicher Prozess zu verstehen. Familie, Peergroup, Schule und Medien gehören zu den Einflussfaktoren in dem wechselseitigen, interaktiven Prozess. Sie alle tragen dazu bei, welches Interessensspektrum herausgebildet wird, wie die Gewichtung von Beruf im Lebensentwurf vorgenommen wird und wie die Auseinandersetzung mit konkreten Berufschancen verläuft.[3]

Herkömmliche Sozialisationstheorien erfassen zwar die Wechselbeziehungen sehr gut, die für das Phänomen der geschlechtsdifferenten Berufsorientierung wirksam sind, sie greifen meines Erachtens aber zu kurz, weil sie den Komplex des Körpers als wesentliches Erklärungsmoment zu wenig berücksichtigen. Ich gehe in meinem Ansatz davon aus, dass der hartnäckige Bestand von geschlechtsspezifischer Arbeitsteilung und ihre stete Reproduktion erst dann näher erklärt werden kann, wenn mit dem Geschlecht auch die Körperlichkeit mehr ins Blickfeld gerückt wird.

An dieser Stelle können die strukturellen Bedingungen des Berufsbildungssystems und des segmentierten Arbeitsmarktes[4] als viel Beschriebene nicht vertieft werden, wenn auch diese Barrieren wichtige Bestimmungsfaktoren für das geschlechtsspezifische Berufswahlverhalten darstellen. Ich konzentriere mich auf die sozialen Anforderungen und die individuell-psychischen Mechanismen, die in diesem Prozess wirksam sind. Anhand von drei Thesen stelle ich den Zusammenhang von Körper und Berufsorientierung dar.

## These 1:

## Der Körper ist der zentrale Ort für die Herausbildung von Geschlechtsidentität – für Frauen und Männer ist er mit unterschiedlichen Konnotationen behaftet.

In der Adoleszenz als der „Phase des Übergangs zwischen Kindheit und Erwachsensein"[5] greifen körperliche, psychische und soziale Prozesse ineinander. Für diesen Lebensabschnitt besteht der gesellschaftliche Anspruch, eine eigene Geschlechtsidentität zu entwickeln und diese einmünden zu lassen in eine individuelle Lebens- und Berufsperspektive. Die Körperlichkeit gewinnt in dieser Zeit eine ganz neue und besondere Bedeutung, die sich für die jungen Frauen – wie ich dies aufzeigen werde – als eine ambivalente und widersprüchliche erweist.

Das „Zur-Frau-Werden" ist eng verbunden mit körperlichen Veränderungen und deren gesellschaftlicher Bewertung. „Die Wahrnehmung der Körperlichkeit und die subjektive Interpretation des Körper- und Geschlechtslebens sowie die damit verbundenen psychischen Prozesse sind untrennbar verflochten mit der Wahrnehmung und Interpretation der kulturellen Geschlechtsrollenvorgaben."[6] Die körperlichen Reifeprozesse sind also nicht allein ein körperliches Phänomen, sondern auch sozial und kulturell vermittelte Ereignisse.

Das Geschlecht wird das zentrale Moment der Identitätsentwicklung. Es fungiert als sozialer Platzanweiser, es erweist sich als „positionelles Phänomen, das etwas aussagt über die spezifische Verortung von Frauen und Männern im Kontext eines hierarchischen Systems"[7] – wie Gudrun-Axeli Knapp es formuliert. An anderer Stelle führt sie aus: „Diese ‚Verortung' nach Geschlechtszugehörigkeit ist kein einfacher Akt unmittelbaren Zwangs, sondern ein aufwendiges und konfliktträchtiges Zusammenspiel von Zwängen und Motiven, von Gewalt und ihrer Akzeptanz, von materiellen Bedingungen, ökonomischen Nötigungen und subjektiven Bedürfnissen, von kulturellen Deutungssystemen, normativen Vorschriften, Selbstbildern und Selbstinszenierungen".[8] Die Herausbildung der Geschlechtsidentität muss als aktiver, selbsttätiger Prozess der Selbstzuordnung betrachtet werden, bei dem sich der junge Mensch in Auseinandersetzung mit seiner sozialen Umwelt in das System der Zweigeschlechtlichkeit einordnet. Damit wird eine notwendige Anpassungsleistung an die gesellschaftliche Realität der Geschlechterdualität vollzogen, denn unsere Kultur erzwingt von jedem einzelnen, sich im Koordinatensystem von „männlich" und „weiblich" zu verorten. Die Alltagstheorie der Zweigeschlechtlichkeit wird wie eine Grammatik der Geschlechterbeziehungen in sich aufgenommen – und tief verankert. Die enorme Stabilität und Universalität des kulturellen Symbolsystems der Geschlechterdichotomie ist zurückzuführen auf die soziale Konstruktion des „Geschlechtskörpers": Seine Bedeutung, also das Geschlecht „männlich" oder „weiblich", und sein Bedeutungsträger, der Körper, fallen untrennbar zusammen.[9]

Im Körper zu sein, seinen Körper zu leben, bedeutet für Mädchen und Frauen grundlegend Verschiedenes als dies für Jungen und Männer der Fall ist. Maßgeblicher Unterschied ist die Sexualisierung des weiblichen Körpers, welche mit der körperlichen Reifung verstärkt zum Tragen kommt. Die Körperveränderungen der Mädchen werden von der Umwelt bemerkt und bewertet. Diese früh einsetzende Außenbewertung, ein befremdliches Begutachten ihres Körpers, hat mit den Bedürfnissen und Empfindungen der Mädchen nicht viel zu tun. Mit der Pubertät beginnt für sie eine differente, zwanghafte und vom männlichen Blick bestimmte Veränderung der Körperwahrnehmung und -beurteilung. Carol Hagemann-White schreibt diesbezüglich: „Was sie [das Mädchen, U.Z.] für andere darstellt, hat keine Beziehung zu dem, was sie selbst fühlt oder tut. Für den Knaben mag die Sexualität einen Triebschub darstellen, der ungebärdig (und oft peinlich) an ihm selbst Ausdruck verschafft. Für das Mädchen in der frühen Pubertät trifft hingegen Sexualität als etwas ein, was andere an ihr entdecken."[10] Durch dieses Begutachten und Bewerten des Körpers von außen lernen die Mädchen und jungen Frauen, ihren Wert an ihrem Körper zu messen. Sie betrachten ihren Körper fortan äußerst aufmerksam und kritisch und sind bestrebt, sich mit den bestehenden Schönheitsnormen auseinanderzusetzen und ihnen nahezukommen.

Die überall präsenten Idealbilder produzieren bei den jungen Frauen das Grundgefühl der Mangelhaftigkeit und des Ungenügens, denn die körperliche Realität entspricht so gut wie nie den vermittelten Körpernormierungen. „Die Unerreichbarkeit der Maßstäbe macht ihre Wirksamkeit aus. Sie ist die Grundlage für die lebenslange Sorge der Frauen um ihren Körper."[11] Den Frauen wird eine Verantwortung für ihren Körper übertragen, die nicht die Sorge um sich selbst meint, sondern das Aussehen, das Äußerlich-Sein.

Die körperlichen Veränderungen der Jungen rufen dagegen bei weitem nicht die gleichen Bewertungen und Maßregelungen hervor, wie dies bei den Mädchen geschieht. Die Ergebnisse der Interviews mit den Jugendlichen belegen vielmehr, dass äußerliche Veränderungen bei den Jungen für Außenstehende eher unbedeutend sind. Die Jungen zeigen zwar ein nicht ganz widerspruchsfreies Verhältnis zu ihrem Körper – die eigene Sexualität wird, ebenso wie dies die Mädchen tun, tabuisiert und als etwas Peinliches empfunden –, aber adoleszente Körperentwicklungen wie Stimmbruch und Körperbehaarung werden kaum thematisiert, weder untereinander noch von anderen. Mit den Aussagen „Kommt wie es kommt, kann sich keiner aussuchen." (Christian) und „Kein Problem, kein Thema, ist halt normal." (Markus) vermitteln die Jungen eine gewisse Gelassenheit gegenüber ihren äußerlich wahrnehmbaren Veränderungen. Zumindest scheinen diese problemloser in die männliche Identität integrierbar und weniger ambivalent zu sein.

Für Mädchen dagegen haben die Körperprozesse eine viel problematischere Bedeutungsdimension. Sie können in dieser Lebensphase kaum positive Elemente ihrer weiblichen Identität sein. Der neidische Blick ist auf die Jungen gerichtet, die viel unbefangener mit ihrem Körper umgehen können. So äußern zwei Mädchen: „Also, das ganze mit den Tagen, das Kinderkriegen und so, das haben sie nicht. Das ist natürlich besser." (Sandra) und „Jungen haben's leichter: werden nicht schwanger, haben nicht ihre Tage und so." (Angela). Das, was den Geschlechtsunterschied ausmacht, wird von den jungen Frauen als Nachteil wahrgenommen und abgewertet. Die Situation der Geschlechtsreife bedeutet für Jungen und Mädchen etwas völlig Unterschiedliches.

Die Sexualisierung ihres Körpers bewirkt, dass die Mädchen ihrem Körper weniger positiv gegenüberstehen als Jungen ihrem männlichen Körper, weil er für Mädchen weitaus konflikthafter und widersprüchlicher ist. Mit dem Eintritt der Geschlechtsreife ist für sie das permanente Risiko der sexuellen Verletzung verbunden. Stolz, Freude und Lustempfinden können sich den Mädchen angesichts dieser Entwertungen mit dem weiblichen Körper kaum verbinden, vielmehr wird er zur Quelle von Angst, Scham und Labilität. Für die jungen Frauen ist es schwer, ein eigenständiges Selbstwertgefühl als Frau zu entwickeln und den Körper als befriedigend und bestätigend zu erleben.

Der Körper bedeutet für die jungen Frauen ein Dilemma: Einerseits ist er zentraler Bezugspunkt der Selbstwahrnehmung und der Identitätsbildung, andererseits ist er prädestiniert für Verunsicherungen, Kränkungen und Funktionalisierungen. Karin Flaake bezeichnet die beschriebenen Mechanismen als „Prozesse der Einschreibung von Entwertungen in den Körper"[12]. „Deshalb ist die geschlechtliche Identität mehr als eine bloße Rollenzuschreibung, sie ist eine körperlich verankerte, sozusagen eine in die Haut eingeschriebene Selbstwahrnehmung und Selbstdefinition."[13]

### These 2:

### Die Berufsorientierung fällt genau in die Zeit, in der das ambivalente Verhältnis zum eigenen Körper junge Frauen in der selbstbewussten beruflichen Entscheidungsfähigkeit behindert.

Die gesellschaftliche Anforderung, sich am Ende der Schulzeit selbstbewusst für einen Berufsweg zu entscheiden, versetzt die jungen Frauen in große Schwierigkeiten. Denn in dieser Zeit, der späten Adoleszenz, sind sie mit vielem beschäftigt, aber relativ wenig mit ihrer beruflichen Zukunft. Die Identität der jungen

Frauen ist in der Zeit der konkreten Berufsfindung nicht besonders stark über die Berufsthematik geprägt, andere Themen, insbesondere ihre körperliche Attraktivität und die Partnersuche sind zu diesem Zeitpunkt weitaus wichtiger als die Auseinandersetzung mit Beruflichem. Zwar stehen sie mitten in der Berufswahlsituation, aber – wie dies eine junge Frau formuliert – „so direkt reden tun wir eigentlich weniger darüber, da gibt es irgendwie Themen, über die wir viel lieber uns unterhalten" (Nastassia), nämlich Jungen. Die Berufsfindung ist für Mädchen in der Adoleszenz lediglich sekundäres Thema. Die sexuelle Orientierung auf Jungen hat einen weitaus größeren Stellenwert und bündelt einen Großteil der persönlichen Energie, so dass sie von anderen Interessensfeldern abgelenkt sind.

In der Adoleszenz bekommen die Mädchen die Botschaft vermittelt, dass der Weg ihres Erfolgs in erster Linie über ihren Körper verläuft. „Für die Frau verschiebt sich das ganze Thema der Autonomie auf ihre Körperlichkeit. Sie muss sich selbst ins Spiel bringen, und das heißt ihren Körper, ihre Anziehungskraft, ihre Sexualität."[14] Erfolg haben ist für sie eng verknüpft mit Attraktivität und Begehrtwerden und nicht unbedingt mit Leistungsstärke und Kompetenz. Zum vorrangigen Ziel wird es, dem männlichen Blick zu gefallen, durch ihn bestätigt zu werden und durch den Mann Vervollständigung zu erlangen. Die Mädchen lernen mit Beginn der körperlichen Reifung, sich mit den Augen der anderen zu sehen und sich selbst dadurch aus den Augen zu verlieren. Die männliche Identität ist dagegen stärker mit Anerkennung durch Leistung verbunden, und der männliche Körper braucht weniger das Gegenüber als Bestätigung.[15]

Die Strategie der jungen Frauen, mit ihrem Körper umzugehen, ist auf Inszenierung und Darstellung ausgerichtet. Sie versuchen, den Körper durch Diäten zu kontrollieren und durch Mode und Schminken zu verschönern, mit dem Ziel zu gefallen, von anderen positives Feedback zu bekommen und daraus Selbstbewusstsein zu erlangen. Die jungen Männer dagegen nehmen ihren Körper aktiver selbst in die Hand, d.h. sie suchen mit Sport und Fitnesstraining den Körper zu gestalten und zu modellieren. Es scheint ihnen mehr zu gelingen, aus der Körperarbeit und aus sich selbst heraus Selbstbewusstsein zu ziehen, durch das Messen mit anderen Erfolge für sich zu verbuchen und sich als leistungsfähig zu erleben. Plakativ gesprochen, stellt sich folgendes Bild dar: Während sich die Männer mit Muskeln aufbauen und aktiv Körpertraining betreiben, reduzieren sich die Frauen durch Diät und warten passiv auf Anerkennung von außen.

Die zentrale Aufmerksamkeit der jungen Frauen auf das Körperliche bringt ihnen aber nicht etwa vollste Befriedigung und Bestätigung, sondern ruft neben dem Gefühl von Unzulänglichkeit das von Fremdbestimmung und Kontrollverlust hervor. Die körperliche Entwicklung löst subjektiv große Irritationen, Zweifel und Ängste aus. Das ambivalente Verhältnis zu ihrem Körper impliziert eben nicht nur neue Anerkennung, sondern auch Einschränkung und Labilität. Idealisierung und Abwertung liegen bekanntlich nah beieinander. Allein schon an ihrer sprachlichen Ausdrucksweise lässt sich die tiefe Verunsicherung ablesen: Extrem häufig verwenden die jungen Frauen in den Interviews „ich-weiß-nicht"-Ausdrücke. Ob es um Berufsbelange, Körperprozesse oder schulische Zusammenhänge geht, immer wieder machen sie deutlich, dass sie eigentlich gar nicht wissen, was sie wollen bzw. wollen dürfen. Es entsteht der Eindruck, dass sie sich selbst als sprachlos empfinden. Und diese fundamentale Verunsicherung hat massive Konsequenzen für ihre Berufsorientierung: Möglicherweise fällt es den jungen Frauen auch deshalb so schwer, Berufstätigkeit positiv zu besetzen, weil das Körpergefühl ein so gebrochenes ist.

Die Interviews zeigen, dass sich die Frauen außerordentlich schwer damit tun, eigene Interessen und Fähigkeiten zu benennen. Im Gegensatz zu den Jungen finden sie an sich nichts Besonderes, glauben aber, dass das im Beruf gefragt sei. Eine junge Frau vertritt mit ihrer Äußerung eine verbreitete Haltung: „Ich weiß nicht, so richtig gut bin ich eigentlich in nichts." (Susanne). Wenn Fähigkeiten genannt werden, sind es vorrangig solche, die andere an ihnen entdecken, nicht sie selbst. Im Kontext von Beruf häufen sich Ausdrücke wie „eigentlich", „vielleicht" und „irgendwie". Die Jungen dagegen gründen ihre Berufsinteressen auf Freizeitaktivitäten und Hobbys, an oberster Stelle wird die intensive Beschäftigung mit Computern, Autos und sonstigen handwerklichen Dingen genannt. Beruf hat für sie mit Können zu tun, und ohne Umschweife benennen sie die Bereiche, die ihren Begabungen und Interessen entsprechen. Selbstbewusste Aussagen wie „Ich bin halt praktisch ziemlich begabt, also handwerklich, im logischen Denken, Physik und so" (Christian) oder „Ich kann ziemlich gut mit Computern umgehen" (Andreas) kommen bei den jungen Frauen in dieser Weise nicht vor.

Wenn die Frauen aber wenig überzeugt von sich und ihren Fähigkeiten sind, fällt ihnen eine selbstbewusste berufliche Entscheidung auch schwer. Unsicherheit, Zögerlichkeit und geringes Selbstzutrauen beherrschen ihre Situation der Berufsorientierung. Typisch sind Aussagen wie das folgende Zitat einer Schülerin: „Ich kann mich nicht richtig entscheiden, für was ich mich entscheiden soll. Manchmal find' ich, der Beruf ist schöner und manchmal der. Da kann ich mich nie entscheiden, was soll ich jetzt werden." (Christine). Von sich selbst gibt sie zu: „Ich bin ziemlich ängstlich."

In Zeiten solcher persönlicher Labilität ist es kaum verwunderlich, dass herkömmliche Vorstellungen von geschlechtsspezifischer Arbeitsteilung reproduziert und traditionelle Berufswege eingeschlagen werden. Klassische Frauenberufe zeichnen sich eben durch die hohe Frauenpräsenz aus, die auf die jungen Frauen u.a. eine identifikationsstiftende und Sicherheit versprechende Wirkung hat.[16] Bekannte Verhaltensmuster und Wertorientierungen ebenso wie Erfahrungen von Verbundenheit und Schutz sind hier wahrscheinlicher anzutreffen als in stärker von Männern besetzten Berufen. Carol Hagemann-White vermutet, dass Mädchen Frauenberufe deshalb wählen, weil es Frauenberufe sind, unabhängig ihrer inhaltlichen Ausrichtung. Sie nimmt an, „daß die Geschlechtstypik einen eigenständigen Reiz hat"[17].

Da die seelische Dynamik und die Aufbruchstimmung bei den Mädchen während der Berufsentscheidungsphase längst vorbei ist, wie dies Hagemann-White eindrücklich beschreibt, fehlt es an psychischer Kraft und an Mut für Experimente.

Das heißt: Abweichungen von den traditionellen Berufswegen wären für die jungen Frauen in ihrer Situation zu riskant und brächten zu viel Rechtfertigungsdruck mit sich. Die interviewten Frauen bestätigen ihre Abneigung gegenüber männerdominierten Berufsfeldern durch die Aussage, dass sie sich nicht trauen würden „nur so mit Männern zusammenzuarbeiten, denn die sind doch anders" (Sandra). Vielmehr zielen sie darauf ab – ebenso wie die jungen Männer –, die gesellschaftlich herrschende symbolische Ordnung von Beruf und Geschlecht einzuhalten. Das Gleichheitstabu, der Zwang zum Unterschied[18], ist Leitmotiv auch in folgenden Äußerungen: „Floristin, das ist eher für Frauen. Ich weiß nicht, warum, aber ich finde, Frauen und Blumen passen besser zusammen als Männer. Männer mit Blumen sehen komisch aus." (Christine). Eine andere meint: „Kfz-Mechaniker, ich find' nicht, dass die Frauen das auch lernen können, weil das ist für Männer geeignet." (Denis). Es geht hier weniger um „handfeste" Qualitäten und Fertigkeiten als um die Wahrung der Geschlechterordnung, die insbesondere in der Zeit der Verunsicherung großen Orientierungswert hat.

Befremdung und Ambivalenz dem eigenen Körper gegenüber bewirken also bei den jungen Frauen eine Verhaltensunsicherheit auf der ganzen Linie, so dass sie auch der Berufsorientierung nicht selbstbewusst entgegenblicken können. Es erwächst daraus die Gefahr, dass sie sich so verhalten, wie es andere von ihnen erwarten, und dass sie eigene Wünsche und Bedürfnisse aus dem Blick verlieren. Denn: „Eine verunsicherte, überkritische Beziehung zum eigenen Körper verstärkt die Bereitschaft, sich der Außenbewertung zu unterwerfen"[19], wie dies Hagemann-White konstatiert. Klassische Berufswahlmuster finden auf dieser Basis guten Widerhall.

THESE 3:

WEIL DIE WEIBLICHE GESCHLECHTSIDENTITÄT IMMER AUCH DEN VERWEIS AUF (POTENTIELLE) MUTTERSCHAFT BEINHALTET, STELLT DIE VEREINBARKEITSPROBLEMATIK DIE GESCHLECHTERBEZOGENE TRENNLINIE IM BERUFSORIENTIERUNGSPROZESS DAR.

Die weibliche Geschlechtsidentität ist untrennbar mit Mutterschaft verknüpft, diese Analogiebildung ist eine wesentliche Grundlage des gesellschaftlichen Konstrukts von Weiblichkeit. Die Fähigkeit des Gebärens bedeutet für die soziale Gruppe der Frauen die Gleichsetzung ihres Geschlechts mit potentieller bzw. aktueller Mutterschaft. Mutterschaft wird hier wiederum über körperliche Funktionen definiert. Für Männer hingegen gilt keine gleichermaßen unmittelbare Verbindung mit Vaterschaft, weil diese gesellschaftlich etwas ganz anderes bedeutet. Während Männlichkeit vorrangig nach wie vor auf Beruflichkeit bezogen ist und dies mit Vaterschaft im Grunde nicht kollidiert, wird Weiblichkeit primär mit Privatheit und insbesondere mit Erziehung und Pflege in Zusammenhang gebracht, was einer Beruflichkeit grundlegend im Wege steht, so das gesellschaftliche Konstrukt. Das „Risiko der Mutterschaft"[20], wie Ursula Rabe-Kleberg es bezeichnet, ist die statustrennende Diskriminierung der Frauen im Erwerbsbereich, weil nach dem gesellschaftlichen Stereotyp Frauen eine brüchige und diskontinuierliche Berufstätigkeit unterstellt wird. Obwohl eine tatsächliche Mutterschaft nicht für alle Frauen und nicht für jede Phase ihres Lebens gültig ist, und viele Frauen heutzutage eine langfristige Erwerbstätigkeit anstreben, sind von diesem Stereotyp alle Frauen gleichermaßen betroffen. Ihnen wird die alleinige Verantwortung dafür übertragen, individuelle Lösungen für die Vereinbarkeit von Beruf und Familie zu finden.

Diese spezifischen Barrieren, die sich auf den weiblichen Körper und seine Konnotationen beziehen, beeinflussen bereits den Prozess der Berufsorientierung. Die Berufsanwärterinnen antizipieren schon im Vorfeld das, was sie an Hindernissen als Frau in der Erwerbswelt erwartet. Junge Frauen müssen bei der Berufswahl ganz anderes bedenken als junge Männer, weil sie sich mit der gesellschaftlich vermittelten Verantwortungsübertragung für spätere Familienaufgaben auseinandersetzen müssen. Sie können sich der Familiendimension innerhalb ihrer Berufsorientierung nicht entziehen. Deshalb geht es für sie nicht allein darum, welchen Beruf sie ergreifen wollen, sondern auch wieviel beruflicher Einsatz und welche Berufsbereiche sich überhaupt mit „Weiblichkeit" vertragen. Denken junge Frauen an Beruf, so ist ihr Frau-Sein und die antizipierte Mutterschaft immer auch präsent. Junge Männer können hier wesentlich unbelasteter und sorgloser in die Berufsentscheidung gehen, weil eine Vereinbarkeitsanforderung von Beruf und Familie für sie überhaupt kein Thema ist. Martina Ritter verdeutlicht die spezifische Berufswahlsituation der Mädchen folgendermaßen: „Festzuhalten ist, daß Mädchen sich schon in der Adoleszenz *intensiv* [Auszeichnung im Original, U.Z.] mit dieser Problematik beschäftigen und ihre beruflichen Wünsche und Pläne immer in Bezug auf ihre Familienwünsche einrichten, d.h. meistens reduzieren. Dies ist ein Spannungsfeld, das im Jugendleben von Jungen so gut wie keine Rolle spielt."[21]

Dass die jungen Frauen diese eigentlich „berufsfremden Erwägungen"[22] auch aktuell in ihre Berufsüberlegungen einbeziehen und damit die den Frauen zugewiesene Zuständigkeit für Familie nicht prinzipiell in Frage stellen, belegen auch die von mir geführten Interviews. In vorauseilendem Gehorsam reduzieren sie ihre Berufsvorstellungen auf das, was ihnen selbst als angemessen, realistisch und erreichbar erscheint. So wird beispielsweise das Einkommen im Beruf als nebensächlich erachtet und als konträr zur Wichtigkeit einer eigenen Familie empfunden. Eine junge Frau sagt: „Ich denk mal, Geld ist nicht so wichtig. (...) Es ist viel wichtiger, wenn man Freunde hat, Familie, Verwandtschaft, vielleicht sogar, wenn man später mal heiraten will, 'ne gute Familie oder so." (Miriam). Eine andere vertritt die Auffassung, dass sich berufliches Engagement nicht mit der antizipierten Familienperspektive verträgt: Weiterbildung und Aufstieg im Beruf lehnt sie ab, „weil, wenn du heiraten möchtest, kannst du ja nicht auch noch Chefin werden" (Sandra).

Die heutige Selbstverständlichkeit einer qualifizierten Berufsausbildung – nach dem Motto „ich brauch halt 'n Beruf" (Angela) – relativiert sich durch die spätere Mutterschaft, weil sie der Erwerbsperspektive gesellschaftlich vermittelte Grenzen setzt. So gut wie alle interviewten Frauen gehen davon aus, dass ihre zukünftigen Kinder der Grund für berufliche Unterbrechungen sein werden: „Wenn die Frau Kinder kriegt, kann sie ja wohl schlecht arbeiten gehen." (Nadine). Der Wiedereinstieg in das Erwerbsleben wird als Teilzeitkraft oder Aushilfe gedacht. Im Grunde aber ist der Ausstieg aus dem Beruf sicherer als die Rückkehr. Mutterschaft wird hier zum Synonym für die berufliche Nicht-Karriere.

Wenn auch die Ergebnisse der Interviews ein sehr traditionelles Familienverständnis bei den Jugendlichen offenbaren, muss dennoch festgehalten werden, dass die jungen Frauen offensichtlich einen anderen, und zwar einen erweiterten Berufsbegriff haben als die jungen Männer. Dadurch, dass Frau-Sein mit Mutterschaft verknüpft ist, schließt Beruf für Frauen Familie unbedingt mit ein, Berufsorientierung hat für sie demnach sehr viel mit Lebensplanung zu tun. Männer dagegen können es sich (bisher noch) leisten, bei Berufsorientierung nahezu ausschließlich an Beruf zu denken. Und damit stellt die Vereinbarkeitsproblematik eine entscheidende geschlechterbezogene Trennlinie im Berufsorientierungsprozess dar.

## Quintessenz

Der Titel meines Beitrages „Der Körper als Handikap auf dem Weg in den Beruf" trifft, so meine Schlussfolgerung, nahezu ausschließlich für Frauen zu. Meine Ausführungen verdeutlichen, dass junge Frauen und Männer in einer ganz anderen Ausgangssituation und mit differenten Startbedingungen in die Berufswahlentscheidung gehen, und dies hängt letztendlich mit dem Körper zusammen und den mit ihm geschlechtsspezifisch verbundenen gesellschaftlichen Bewertungen. Nicht nur sind die jungen Frauen in der Phase der konkreten Berufsorientierung intensiv mit ihrer Körperlichkeit beschäftigt, was die Berufsbelange in den Hintergrund treten lässt, sondern sie entwickeln auch ein ambivalentes Verhältnis zu ihrem Körper, das sie in einer selbstbewussten Entscheidungsfähigkeit behindert. Die Wertschätzung durch Männer wird wichtiger als die Anerkennung über Leistung.

Die adoleszente Verunsicherung kommt bei den jungen Frauen voll zum Tragen und bewirkt bei ihnen ein Verhaftetbleiben in traditionellen Weiblichkeitsstereotypen, und sie leistet der Wahl herkömmlicher Frauenberufe Vorschub. Die jungen Frauen befürchten in der Zeit der Herausbildung der Geschlechtsidentität, in männlich geprägten Berufsbereichen nicht mehr „ganz Frau" sein zu können bzw. akzeptiert zu werden. Zudem wird das Frau-Sein nach wie vor mit Mutterschaft und Familie verknüpft, so dass die Berufsorientierung zur Lebensplanungsfrage wird. Gleichzeitig wissen die Frauen, dass es angesichts der Abwertung von „Nur-Hausfrauen" heutzutage selbstverständlich zur weiblichen Lebensform dazugehört, eine Berufsausbildung zu machen. Die jungen Frauen befinden sich in einer äußerst ambivalenten und widersprüchlichen Situation zwischen Auflösung und Beharrung traditioneller Rollenmuster.

Als Quintessenz ist festzuhalten, dass die über Körper definierte Zugehörigkeit zu einem Geschlecht noch immer Bildungsprozesse und Lebenschancen nachhaltig beeinflusst und damit als wichtige Variable für Ausprägung und Verlauf von Berufsorientierung anzusehen ist. Dabei ist aber nicht zu vernachlässigen, dass die jungen Frauen und Männer selbst Akteure sind und mit ihrem Verhalten zur Reproduktion der Arbeitsteilung und Arbeitsmarktsegregation aktiv beitragen: „Es bedarf immer auch ihrer Zustimmung, wenn einengende und benachteiligende Bedingungen stabilisiert und reproduziert werden, sowie ihres Widerstandes, wenn sie verändert werden sollen."[23]

[1] Uta Zybell (1998): Zum Zusammenhang von weiblicher Moralentwicklung und Berufsorientierung junger Frauen. Mit einem Beitrag von Angela Paul-Kohlhoff. Alsbach/Bergstraße (Leuchtturm).

[2] Vgl. BMBF (2000): Berufsbildungsbericht 2000. Bonn, 75.

[3] In einem Sammelband vom Institut für Arbeitsmarkt- und Berufsforschung der Bundesanstalt für Arbeit wird in verschiedenen Beiträgen verdeutlicht, dass die Berufswahl ein Ergebnis längerfristig wirkender Sozialisations- und Selektionsprozesse ist. Vgl. Karen Schober/Maria Gaworek (Hrsg.) (1996): Berufswahl. Sozialisations- und Selektionsprozesse an der ersten Schwelle. BeitrAB 202. Nürnberg.

[4] Als bedeutende Erklärungsansätze auf struktureller Ebene, die explizit das Geschlecht als zentrale Kategorie berücksichtigen, sind die von Krüger und Damm-Rüger zu nennen. Vgl. Helga Krüger (1991): Doing Gender – Geschlecht als Statuszuweisung im Berufsbildungssystem. In: Ditmar Brock u.a. (Hrsg.): Übergänge in den Beruf. Zwischenbilanz zum Forschungsstand. Weinheim, München (Juventa) sowie Sigrid Damm-Rüger (1991): Gleich gebildet – und auch gleichgestellt? In: Zeitschrift für Berufs- und Wirtschaftspädagogik, 20. Jg., Nr. 1.

[5] Karin Flaake/Vera King (Hrsg.) (1995): Weibliche Adoleszenz. Zur Sozialisation junger Frauen. Frankfurt/M., New York (Campus), 8.

[6] Ebenda, 13.

[7] Gudrun-Axeli Knapp (1988): Die vergessene Differenz. In: Feministische Studien, 6. Jg., Heft 1, 21.

[8] Ebenda, 12.

[9] Vgl. Regine Uecker (1998): Bildung und Geschlecht. Feministische u. pädagogische Theorie im Dialog. Pfaffenweiler (Centaurus), 60.

[10] Carol Hagemann-White (1995): Berufsfindung und Lebensperspektive in der weiblichen Adoleszenz. In: Flaake/King 1995 (Anm. 5), 71.

[11] Frigga Haug (Hrsg.) (1988): Sexualisierung der Körper. Berlin, Hamburg (Argument), 50.

[12] Karin Flaake (1992): Weibliche Adoleszenz und Einschreibungen in den Körper. Zur Bedeutung kultureller Definitionen von körperlicher Weiblichkeit für die Entwicklungsmöglichkeiten von Mädchen. In: Jahrbuch für Psychoanalytische Pädagogik (1992). Gießen (Psychosozial), 143.

[13] Ebenda, 141.

[14] Prokop 1983, zitiert in: Karin Flaake (1993): Weibliche Adoleszenz – Verführung zur Selbstbeschränkung? Zur Bedeutung der Pubertät für die Entwicklung des Lern- und Leistungsverhaltens von Mädchen und Frauen. In: Karin

Derichs-Kunstmann/Brigitte Müthing: Frauen lernen anders. Theorie und Praxis der Weiterbildung von Frauen. Bielefeld (Kleine), 63.

[15] Vgl. Zybell 1998 (Anm. 1), 136f.

[16] Erklärungsansätze zur Wahl traditioneller Frauenberufe, also warum sogenannte Frauenberufe trotz offensichtlicher Nachteile nahezu ungebrochen auch heutzutage von jungen Frauen anvisiert werden und eine hohe Attraktivität ausüben, sind ausführlich beschrieben in: Zybell 1998 (Anm. 1), 102ff.

[17] Hagemann-White 1995 (Anm. 10), 73.

[18] Judith Lorber/Susan A. Farell (1991) bringen den Aspekt des Gleichheitstabus auf die kurze Formel: „Women and men have to be distinguishable". Zitiert in: Regine Gildemeister/Angelika Wetterer (1992): Wie Geschlechter gemacht werden. Die soziale Konstruktion der Zweigeschlechtlichkeit und ihre Reifizierung in der Frauenforschung. In: Gudrun-Axeli Knapp/Angelika Wetterer (Hrsg.) (1992): Traditionen-Brüche. Entwicklungen feministischer Theorie. Freiburg/Breisgau (Kore), 227.

[19] Hagemann-White 1995 (Anm. 10), 71.

[20] Ursula Rabe-Kleberg (1993): Verantwortlichkeit und Macht. Ein Beitrag zum Verhältnis von Geschlecht und Beruf angesichts der Krise traditioneller Frauenberufe. Bielefeld (Kleine), 144.

[21] Martina Ritter (1994): Computer oder Stökkelschuh? Eine empirische Untersuchung über Mädchen am Computer. Frankfurt/M., New York (Campus), 33.

[22] Marianne Horstkemper (1990): Zwischen Anspruch und Selbstbescheidung – Berufs- und Lebensentwürfe von Schülerinnen. In: Die Deutsche Schule, 1. Beiheft, Weinheim, 21.

[23] Doris Lemmermöhle-Thüssing (1990): „Meine Zukunft? Naja, heiraten, Kinder haben und trotzdem berufstätig bleiben. Aber das ist ja fast unmöglich." Über die Notwendigkeit, die Geschlechterverhältnisse in der Schule zu thematisieren: das Beispiel Berufsorientierung. In: Ursula Rabe-Kleberg (1990) (Hrsg.): Besser gebildet und doch nicht gleich! Frauen und Bildung in der Arbeitsgesellschaft. Bielefeld (Kleine), 168.

# Zwischen Schönheit und Schönheitswahn

## Die Problematik von Schönheitsideal und Körpernormen

Waltraud Posch

Schönheit ist schwer zu definieren und wird oft widersprüchlich erklärt. Die einen sagen, Schönheit sei etwas Äußerliches, die anderen sagen, Schönheit komme von innen. Schönheit gilt gleichzeitig als oberflächlich und als ganz wichtig.

Trotz verschiedenster Definitionen gibt es Schönheits*normen*. Sie waren im Lauf der Geschichte sehr unterschiedlich. Ein bekanntes Schönheitsideal aus vergangenen Tagen ist die Venus von Willendorf, eine für unsere Vorstellungen dikke Frauenfigur aus der Steinzeit. Mit der heutigen Idealfrau hat die Venus von Willendorf nichts mehr zu tun. Denn heute bedeutet Schönheit vor allem dreierlei: Schlankheit, Jugend und Fitness.

Gleich vorweg: Frauen sind in weitaus stärkerem Maß vom Schönheitsideal betroffen, sie sind so gesehen das, was ihnen nachgesagt wird: das „schöne Geschlecht". „Die gesellschaftlich-kulturell genormte Gleichsetzung von Schönheit und Weiblichkeit brachte ein ambivalentes Gefühl der Frauen gegenüber ihrem eigenen Aussehen hervor, denn von der Zuweisung der Frauen zum schönen Geschlecht, bis zu der Forderung, dass sie auch schön zu sein haben, ist es nur noch ein kleiner Schritt. Weil weibliche Schönheit erwartet wird, erhält sie übertriebene Bedeutung: die stereotypen Schönheitsvorstellungen unserer Gesellschaft stellen eine Form von sozialer Kontrolle dar, die Frauen anfälliger werden läßt für eine zwanghafte Beschäftigung mit ihrem Aussehen."[1]

In jedem Lebensalter hat die Schönheit einer Frau eine größere Bedeutung als die eines Mannes. Das Aussehen von Frauen wird kritischer beurteilt und bereitwilliger gedeutet. Frauen werden stärker belohnt, wenn sie schön sind und heftiger zurückgewiesen, wenn sie den Normen nicht entsprechen. Ihre Körper sind viel eher im Blickpunkt der Kritik und werden häufiger öffentlich diskutiert als Männerkörper.[2]

Noch nie in der Geschichte mussten Frauen so schlank sein wie heute, um als schön zu gelten. Das durchschnittliche Model wiegt heute um knapp ein Viertel weniger als die durchschnittliche westliche Frau.[3] Frauen sollen gegen ihre weiblichen Körperformen ankämpfen, um schön zu sein. „90–60–90" lauten die Traummaße.

Als Vorbilder, als Idole der Schönheit werden Models vermarktet. Models sind im Schnitt 1,75 bis 1,80 Meter groß und wiegen rund 55 Kilogramm. Schönheit heißt also Superschlankheit, das Geschäft der Models spielt sich zwischen Konfektionsgröße 32 und 36 ab – das aber bei einer Körpergröße von 1,80 Metern.[4]

Ende der sechziger Jahre erregte das englische Model Twiggy Aufsehen, weil es so dünn war. Heute wäre Twiggy keine Sensation mehr, sie würde sich gewichtsmäßig nicht von anderen Models unterscheiden. Schönheitsköniginnen und Covergirls haben heute ein Gewicht, das zu 15 Prozent und mehr unter ihrem Normalgewicht liegt, was als eines der Symptome für Magersucht gilt.[5] „Models, wie auch Tänzerinnen und Schauspielerinnen, sind heute im Durchschnitt magerer als 95 Prozent der weiblichen Bevölkerung. Gewichtsmäßig befinden sie sich eindeutig im Untergewichtsbereich."[6]

Der Anblick dieser mageren Schönheitsikonen beeinflusst Frauen als Medienrezipientinnen.[7] Eine kanadische Studie ergab, dass Frauen zu geringerem Selbstbewusstsein neigen, nachdem sie Hochglanzmagazine mit dünnen Models gesehen hatten.[8] Dass Bilder von Models die eigene Körperwahrnehmung verzerren können, zeigt eine englische Studie: Frauen fanden sich eher übergewichtig, nachdem sie Fotos von Models gesehen hatten. Die meisten Frauen überschätzen ihren Körperumfang um rund 15 Prozent, nach diesen Testsitzungen waren es 25 Prozent.[9]

Selbst wer sich nicht bewusst für Models interessiert, begegnet ihnen unweigerlich an Plakatwänden, am Zeitungskiosk, im Wartezimmer des Arztes oder in der Fernsehwerbung. Rund zwölf Mal am Tag, so fand eine Studie des deutschen Nachrichtenmagazins »Der Spiegel« heraus, ist der westliche Durchschnittsmensch mit dem Anblick eines Models konfrontiert.[10] Zwölf Mal pro Tag, sieben Tage die Woche, 365 Tage im Jahr. Diese enorme Propaganda beeinflusst. Sie manipuliert unweigerlich – wie der sprichwörtliche „stete Tropfen", der den Stein höhlt. Für um so wichtiger halte ich es, sich dessen bewusst zu sein. Bewusstsein und Reflexion können verändern. Sie können Abstand ermöglichen und damit den Handlungsspielraum vergrößern.

In früheren Jahrhunderten bekam das gewöhnliche Volk Schönheitsideale bestenfalls auf Gemälden und in Kirchen zu sehen. Heute sind Models durch ihre enorme Medienpräsenz allgegenwärtig. Das täuscht darüber hinweg, dass nur ganz wenige Menschen die Voraussetzungen für diesen mageren Körper haben. Auch die, die das Ideal vermeintlich erreichen, müssen viel dafür tun und ihren Körper ständig kontrollieren. Auf die Frage, wie sie so schlank bleibe, antwortete das Model Naomi Campbell in einem Interview: „Man nehme einen Wattebausch, tränke ihn mit Orangensaft und esse ihn. Das erzeugt ein Völlegefühl im Magen, und man nimmt nicht zu."[11] Und ein anderes Model gab zu: „Ich kokse, um dünn zu bleiben. Koks nimmt das Hungergefühl. Koks ist das heimliche Erfolgsrezept vieler Topmodels."[12]

Darüber hinaus ist nicht alles echt, was echt wirkt: Von Fotos erwarten wir im allgemeinen, dass sie die Wirklichkeit widerspiegeln. Besonders bei Modefotos wird der vermeintlichen Wirklichkeit aber stark nachgeholfen. Linda Evangelista, eine der Großen im Model-Geschäft, wurde einmal gefragt, ob sie ein Ideal sei, das für Frauen schwer zu erreichen sei. Sie antwortete: „Wenn Frauen sich an meinen Fotos orientieren, wird das sicher problematisch. *Ich* orientiere mich nicht an meinen Fotos. So sehe ich in Wirklichkeit nicht aus."[13]

Das Schönheitsideal ist gekennzeichnet von einer Verdammung weiblichen Fettgewebes. Frauen haben von Natur aus einen größeren Fettanteil als Männer, besonders an Oberschenkeln, Gesäß und Hüften. „Diese Fettablagerungen gehören zur genetischen Ausstattung 'Frau' wie der Bartwuchs zur genetischen Ausstattung 'Mann'."[14] In allen Kulturen enthält das Körpergewebe eines Mädchens von Geburt an um zehn bis 15 Prozent mehr Fett als das eines Jungen.[15] Das Fett des weiblichen Körpers hat wichtige Funktionen: Es bedeutet sowohl Fruchtbarkeit als auch die Fähigkeit, sexuelle Lust zu empfinden. WissenschaftlerInnen am »Michael-Reese-Krankenhaus« in Chicago fanden heraus, dass dickere Frauen häufiger sexuelle Lust hatten als dünnere. Hinsichtlich sexueller Erregbarkeit und der Bereitschaft zu Sex war das Verhältnis von schlankeren zu dickeren Frauen fast 1:2. „Von Frauen zu verlangen, schlanker zu sein, als es ihrer Natur entspricht, heißt also, von ihnen zu verlangen, ihre Sexualität aufzugeben."[16] Weibliches Fett an sich ist nicht ungesund, obwohl das die Diätindustrie, viele Ärzte und die Pharmaindustrie predigen.

Besonders das Gesundheitsargument wird jedoch oft zur Untermauerung des Schlankheitsideals herangezogen. Heute verbreiten Ärzte und Pharmaindustrie horrende Zahlen über den Anteil der übergewichtigen Bevölkerung und über die gesundheitsförderliche Wirkung von Schlankheit. Bevorzugt werden solche Meldungen nach den Weihnachtsfeiertagen, vor und während der Urlaubssaison sowie begleitend zur Einführung neuer Schlankheits-Medikamente in Umlauf gebracht. Die Auftraggeber solcher Kampagnen sind selten transparent, können aber Aufschluss über dahinter liegende Interessen geben. So wurde eine Studie, wonach Gewichtsreduktion die Sterblichkeit um 20 Prozent senke, unter personeller und finanzieller „Mitarbeit" der Pharmafirma »Knoll« erstellt – einer Firma, die einen Appetithemmer am Markt anbietet.[17]

Im August 2000 berichteten sehr viele österreichische Medien[18] über eine weitere „Studie": Das Linzer »Spectra-Institut« hätte erhoben, dass die ÖsterreicherInnen 18 Millionen Kilo Übergewicht hätten. Jeder Dritte sei zu dick, jeder Zehnte habe dadurch massive gesundheitliche Beeinträchtigungen. Als mögliche Lösung wurde eine bekannte Antifett-Pille präsentiert.

Mit den Quellen solcher Zahlen und Forschungsdesigns von „Studien“ wird vorsichtiger umgegangen als mit periodisch wiederkehrenden Horrormeldungen über die steigende Zahl von Übergewichtigen. Wie kam die oben beschriebene Studie, wonach die ÖsterreicherInnen 18 Millionen Kilo Übergewicht hätten, zu ihren Zahlen? Welche Gruppe mit welchen Eigenschaften wurde unter welchen Bedingungen wie oft gemessen? Was wurde als Übergewicht definiert? Welche anderen Risikofaktoren fanden Berücksichtigung? Diesen Fragen ging ich in zahlreichen Telefonanrufen bei der genannten Institution nach. Nach sechs Monaten wiederholten Nachfragens und Vertröstet-Werdens hatte ich noch keine Antwort bekommen. Diese „Studie“ existiert offenbar nicht und hat nie existiert. Dennoch wurde sie in den Medien intensiv zitiert. Auch diese Medienkampagne wurde von einer Pharmafirma in Auftrag gegeben: vom Pharmakonzern »Roche« – jener Firma, die eine Antifett-Pille herstellt und damit Rekordgewinne[19] einfährt und naturgemäß ein Interesse daran hat, im redaktionellen Teil von Zeitungen vorzukommen.

Diese und ähnliche Studien dienen als Grundlage für vielfältige politische Argumentationen und gesundheitspolitische Programme – wie etwa Abnehmprogramme, Ratschläge zu Arztbesuchen und Ernährungskampagnen.

Schlagzeilen wie „700.000 sind viel zu dick“,[20] „Die Österreicher: Um 160.000 Sauen zu schwer“,[21] „Fettsucht der Österreicher kostet jährlich Milliarden“[22] und „Dicker Bauch schädigt Herz und Hirn“[23] vermitteln Dicken, sie seien nicht in Ordnung und hätten sich für ihr Gewicht gefälligst zu schämen. Sie zeichnen ein Bild von dicken Menschen als Parasiten des Gesundheitswesens. Dies wiederum ebnet den Weg zu ihrer sozialen Diskriminierung. Hetzkampagnen gegen Übergewichtige tragen in der öffentlichen Meinung Früchte: So reagierte eine Leserin auf die oben erwähnte „Ein Drittel der Österreicher ist zu dick“-Kampagne vom August 2000 mit folgendem Leserbrief: „Selbst verschuldete Krankheit: Es ist nicht einzusehen, dass die (...) Folgeschäden von (...) Übergewicht auch von jenen zur Gänze mitfinanziert werden, die einen verantwortungsvollen Umgang mit ihrer Gesundheit pflegen.“[24]

Was aber ist dran an dem Argument, Übergewichtige müssten ihrer Gesundheit zuliebe abnehmen? Wie steht es um den behaupteten Zusammenhang von Abnehmen und Gesundheit? Wie gesichert ist die Datenbasis, auf die Ärzte und Ärztinnen ihre Empfehlungen zum Abnehmen beziehen?

Kritische WissenschaftlerInnen stellen das Argument „Gesundheit" in Sachen Abnehmen vehement in Frage. In einem gemeinsamen Forschungsprojekt untersuchten ForscherInnen der Universitäten Bielefeld und Düsseldorf den Einfluss von Lebensalter und Übergewicht auf die Sterblichkeit. Fazit: „Die mit Übergewicht assoziierte Übersterblichkeit ist niedriger als bisher angenommen und zeigt mit zunehmendem Alter einen stark abnehmenden Trend bei beiden Geschlechtern und allen Übergewichtsklassen."[25]

„Gesunde Übergewichtige müssen nicht abnehmen, um lang zu leben", resümiert die unabhängige und anzeigenfreie Zeitschrift »arznei-telegramm«[26] eine Analyse der verfügbaren Daten zur Sterblichkeit bei Übergewichtigen. Für die ärztliche Ermahnung, gesunde Übergewichtige sollten ihrer Gesundheit zuliebe abnehmen, gibt es demnach keine valide Datenbasis. Dass gesunde Übergewichtige durch Abnehmen ein verringertes Sterblichkeitsrisiko hätten, kann diese Analyse nicht erkennen. Vielmehr gäbe es Hinweise, dass das Sterblichkeitsrisiko gesunder Übergewichtiger durch Abnehmen sogar zunehme. Gegenteiligen Studien weist das »arznei-telegramm« statistische und methodische Mängel nach. Dass die Quelle dieser Analyse, das »arznei-telegramm«, ein neutraler, unabhängiger und anzeigenfreier Informationsdienst ist, werte ich als sehr entscheidend. Informationen sind ernstzunehmender, wenn kein finanzielles Interesse dahinter steht.[27]

Dass Hersteller von Diätprodukten Daten verbreiten, wonach Abnehmen automatisch gesundheitsförderlich sei, halte ich für eine Marketingstrategie. Gesundheit eignet sich heute gut als Verkaufsargument. Das heißt aber noch nicht, dass die propagierten Daten auch wissenschaftlichen Analysen standhalten. Die heiklen Beziehungen zwischen ForscherInnen und Pharmaindustrie sind selten transparent. Dabei ist in Fachkreisen längst bekannt, dass der Ausgang einer Untersuchung mittels Studiendesign stark gelenkt werden kann.[28] Und dass man ungern die Hand beißt, die einen füttert, im Fall von Forschungsaufträgen oft die Industrie, ist hinlänglich bekannt.

Auch der Ernährungswissenschaftler Nicolai Worm[29] kommt nach einer Analyse Dutzender Langzeitstudien zu dem Schluss, dass leichtes oder mäßiges Übergewicht kein gesundheitlicher Risikofaktor ist. „Mäßiges Übergewicht führt nicht zu erhöhter Sterblichkeit", resümiert Worm. „Hinter den derzeit propagierten, pauschal deklarierten Gewichtsnormen stehen eher kommerzielle als medizinische Gründe."[30] Vergessen werde immer der Faktor Bewegung. Wenn sich Dicke regelmäßig bewegen, haben sie nicht häufiger als Schlanke Herz-Kreislauf-Probleme und sterben nicht früher. Fitte Dicke haben sogar ein geringeres Gesundheitsrisiko als unfitte Schlanke.[31]

Es gibt durchaus gesundheitsförderliche Interventionsprojekte, die diese Faktoren berücksichtigen. Das »Frauengesundheitszentrum Graz« bietet seit 1995 das Bewegungsprogramm „Dick und Fit" an. Es steht ausschließlich stark übergewichtigen Frauen offen und hat nicht Abnehmen zum Ziel, sondern Spaß und Gesundheit. „Dick und Fit" besteht mittlerweile aus zwei Sportgruppen, einer Laufgruppe und einer Schwimmgruppe.[32] Begleitet wird „Dick und Fit" von umfangreicher Öffentlichkeitsarbeit, die für diese Problematik sensibilisiert.

## Essstörungen

Die Panikmache gegenüber dem Dicksein begünstigt eine verzerrte Selbstwahrnehmung. Sie kann dazu beitragen, dass sich auch Normalgewichtige zu dick fühlen. In den USA wurde die Körperwahrnehmung von 1932 Jugendlichen untersucht. Mehr als 50 Prozent der weißen, *normalgewichtigen* Mädchen beschrieben sich selbst als „fettleibig".[33] Laut einer Studie der Schweizer Universität Lausanne fühlen sich zwei von drei Frauen unter 20 zu dick.[34]

Zu einem ähnlichen Ergebnis kommt eine Studie der deutschen »Bundeszentrale für gesundheitliche Aufklärung« (BZgA): Demnach quälen sich zwei Drittel der 13- bis 14-jährigen Mädchen mit einem „Makel" an ihrem Körper. „Mädchen kommen als starke Persönlichkeiten in die Pubertät und gehen geschwächt wieder aus ihr heraus", fasst BZgA-Direktorin Elisabeth Pott zusammen. Schönheitsideale machten die Adoleszenz für junge Frauen zum Gesundheitsrisiko, kritisiert die Ärztin.[35] „Während es für Jungen wichtigere Dinge als das eigene Aussehen gibt, führt der soziale Druck, dünn und attraktiv zu sein, bei Mädchen eher zu einer Abwertung ihrer äußeren Erscheinung."[36]

Sehr oft können Mädchen und Frauen nicht mehr normal essen. Sie kontrollieren ihr Essen, haben Schuldgefühle und verlieren dadurch den Genuss. Verloren gehen kann nicht nur die Lust am Essen, sondern auch das natürliche Gefühl für Hunger und Sattsein. Menschen, die dieses natürliche Gefühl haben, essen, wenn sie Hunger haben. Und sie hören auf zu essen, wenn sie satt sind, selbst wenn die größten Köstlichkeiten vor ihnen stehen. Aber bis sie satt sind, essen sie mit Genuss und ohne schlechtes Gewissen.

Obwohl die Zahl essgestörter Männer steigt, zeigen Untersuchungen zu Essstörungen, dass 85 bis 95 Prozent der Betroffenen Frauen sind.[37] Männer greifen viel eher zu anderen Suchtmitteln. Die Suchtformen der Frauen sind sozial eher unauffällig.[38] Es gibt über 500 verschiedene Diäten auf dem Markt. Die Kleiderkonfektionsgröße 38 für Frauen kann nur von acht Prozent der Frauen getragen werden. 92 Prozent der Frauen erreichen dieses Ideal nicht.[39]

Das Schlankheitsideal regt an zu ständiger Körperkontrolle. „Die Kontrolle des eigenen Körpers durch Kontrolle und Verzicht auf das Essen bietet eine, wenn auch selbstzerstörerische, Bewältigung innerer Konflikte."[40] Mädchen und Frauen bewältigen ihre Lebenssituation mit Hilfe dieser Kontrolle, auch wenn dies eine destruktive Möglichkeit ist.

Da das gegenwärtige Schönheitsideal Frauen suggeriert, sie könnten nie dünn genug sein, ist es eine entscheidende Wurzel von Essstörungen. *Die* Einstiegsdroge in Essstörungen sind Diäten.[41] Diäten sind sozial erwünscht und werden von der Medizin gefördert. „Am Anfang steht eine vernünftige und absolut gesunde Reaktion auf eine verrückte gesellschaftliche Wirklichkeit, in der sich die meisten Frauen nur wohl fühlen können, wenn sie im Dauerzustand am Rand des Verhungerns sind."[42] Der Übergang vom sozial erwünschten Verhalten (Diät) zur Krankheit (Essstörung) ist fließend. „An schwer Eßgestörten können wir sowohl die ins Extrem verzerrte Art erkennen, wie viele von uns mit sich, ihrem Körper und der gesellschaftlichen Forderung nach Schlankheit umgehen, als auch, welche Erwartungen unsere Gesellschaft an *alle* Frauen stellt."[43] Wenn Diäten eine Vorstufe von Essstörungen sind, muss dieser Zusammenhang ein wichtiger Ansatzpunkt für die Prävention sein.

## Alter

Das zweite Schönheitskriterium neben Schlankheit ist die Jugend. Als schön gilt eine Frau dann, wenn ihr das gelebte Leben nicht anzusehen ist. Dem jugendlichen, „taufrischen" Körper wird gehuldigt, das Alter wird verschmäht. Auch an alten Menschen schätzt unsere Gesellschaft vor allem ihre Jugendlichkeit. Bewundert wird, wenn jemand im Alter „*noch* attraktiv", „*noch* nicht senil", „*noch* voller Energien" ist und „mit 70 *noch* wie 60" aussieht. In Wahrheit gilt unser Respekt nicht dem Alter, sondern der Jugend.

Vielleicht hängt dieser Umstand auch mit unserem Umgang mit dem Tod zusammen: In einer Gesellschaft, die nicht imstande ist, den Tod als unweigerlichen Teil des Lebens zu akzeptieren, ist es nicht verwunderlich, dass Schönheit in Verleugnung der Veränderungen des Lebens wahrgenommen wird.

Zusätzlich gibt es eine Doppelmoral gegenüber dem Älterwerden, die uns allen sehr vertraut ist: Während der Mann reift, wird die Frau älter. Nur bei Frauen wird das Älterwerden unmittelbar mit wachsender Unattraktivität gleichgesetzt. „Während der Mann erst mit 40 oder 50 in die besten Jahre kommt, sein Gesicht markante Züge aufweist, seine Schläfen grau und seine Haltung geprägt ist von seiner Bedeutung, ist für die Frau im selben Alter 'schon alles vorbei'. (...) Männliche Schönheit wird (...) nicht in dieser Absolutheit mit dem Aussehen verbunden wie die weibliche Schönheit, seine Attraktivität bemißt sich vielmehr an weniger zeitlosen Attributen wie Stärke, Intelligenz und Leistung als an seinem vergänglichen Leib. Der Mann *verkörpert* nicht, sondern *versinnbildlicht* den allgemeinen Menschen, insbesondere zivilisatorische und kulturelle Leistungen. Weiße Haare und Falten stehen somit nicht im Widerspruch zu diesem männlichen Ideal."[44]

Die Frau dagegen verkörpert ihr Altwerden. *Wann* eine Frau das erste Mal das Gefühl hat, dass ihre Jugend schwindet, wann sie ihr körperliches Altern das erste Mal spürt und realisiert – ob mit 25, 40 oder 50 Jahren – ist verschieden. Aber immer empfindet sie es als einen Einschnitt.[45] Das gegenwärtige Schönheitsideal macht es für Frauen schwierig, diesen Einschnitt zu akzeptieren. Frauen gelten heute ab 35 oder 40 als sexuell unattraktiv. Bei Models beginnt „Altern" noch viel früher. „Ein jüngeres Gesicht sieht immer besser aus als das einer 25jährigen", konstatiert Carlos De Souza, Sprecher des Modeimperiums »Valentino«.[46]

Im Fernsehen verschwinden alternde Moderatorinnen häufig stillschweigend von der Bildfläche, alternde Männer dürfen im allgemeinen länger vor dem Bildschirm und in wichtigen Sendungen bleiben. In den Medien kommen ältere Frauen quasi nicht vor. „Kein Foto von einer Frau wird unretuschiert gebracht", sagt Bob Ciano, Ex-Art-Director des Magazins »Life«, „auch wenn eine (ältere) Frau nicht retuschiert werden will (...) bestehen wir doch darauf, sie nach Möglichkeit aussehen zu lassen wie eine Fünfzigerin."[47]

Was aber bedeutet es für Frauen, dass ein Drittel ihrer Lebensspanne in den Medien nicht gezeigt wird? „Heute haben die Leserinnen keine Vorstellung mehr davon, wie das Gesicht einer Sechzigjährigen auf einem Zeitschriftenfoto aussieht, weil alle diese Gesichter auf fünfundvierzig getrimmt werden. Aber schlimmer noch ist, daß die sechzigjährigen Leserinnen in den Spiegel schauen und denken, sie sehen zu alt aus, weil sie sich mit dem retuschierten Foto vergleichen, das ihnen aus einer Zeitschrift entgegenlächelt."[48] Der Kult um die Jugend führt dazu, dass viele Frauen ihr Älterwerden als sehr erniedrigend erleben.[49]

Auch die Zielgruppe von Anti-Falten-Cremes sind fast ausschließlich Frauen. Und die Altersgrenze wird immer niedriger: Wurden Anti-Falten-Cremes vor einigen Jahren noch für die „Haut ab 50" beworben, so richtet sich die Werbung nun an die „Haut ab 40" und neuerdings sogar an die „Haut ab 35". Das Gesicht einer Frau wird in unserer Gesellschaft dafür gelobt, dass man ihm nicht ansieht, was sie schon erlebt hat. Das Gesicht soll unverändert bleiben, sozusagen keine „Gebrauchsspuren" aufweisen.

Einhergehend mit der Abwertung des Alterns von Frauen wird auch weibliche Körperbehaarung stark diskriminiert und gleichzeitig tabuisiert. Glattheit als Ideal bedeutet Faltenlosigkeit und Freisein von Körperbehaarung. „Was bei einem Mann als krankhaftes Verhalten gilt, wird von einer Frau erwartet. (...) Von Frauen mit 'zuviel' Körperbehaarung (d.h. überhaupt Körperbehaarung) erwartet man, dass sie täglich mit Enthaarungsmitteln aller Art dagegen angehen, um haarlos zu erscheinen. Frauen verbringen Hunderte von Stunden damit, ihren Schnurrbart zu bleichen, die Beine zu enthaaren und die Augenbrauen zu zupfen."[50] Vorbild für den glatten, haarlosen Frauenkörper ist der glatte, haarlose Kinderkörper.[51]

Ältere Frauen stellen für die Schönheitsindustrie ein lukratives Geschäftsfeld dar. Vom wirtschaftlichen Standpunkt her ist es völlig einsichtig, warum heute eine Frau bereits mit 35 oder 40 zur alten Fettel abgestempelt wird. „Wenn ich mit Coca Cola mein Geld verdiene, möchte ich, dass möglichst viele Leute Coca Cola trinken. Wenn ich mit Abnehmen mein Geld verdiene, habe ich Interesse daran, dass sich möglichst viele zu dick fühlen", vergleicht Sylvia Groth vom »Frauengesundheitszentrum Graz«. Wenn ich mit Anti-Falten-Cremes mein Geld verdiene, könnte man weiter ausführen, möchte ich dreierlei: dass sich Frauen möglichst früh alt fühlen, dass sie Altern als negativ empfinden und dass sie mein Produkt als Lösung sehen. Es hat wirtschaftliche Vorteile, dass Frauen heute mit 40 als alt gelten: Eine mitteleuropäische Frau hat mit 40 statistisch gesehen noch fast die Hälfte ihres Lebens vor sich. Damit hat sie noch gut 35 Jahre Kaufkraft, um Produkte zu erwerben, die vermeintlich gegen Falten helfen.

Dabei halten Anti-Falten-Cremes nicht, was sie versprechen.[52] Sie *können* es gar nicht. Denn sie sind gesetzlich streng von Arzneimitteln getrennt. Nur Arzneimittel dürfen per Gesetz in jene tieferen Schichten der Haut vordringen, in denen Falten entstehen. Anti-Falten-Cremes haben keinen Einfluss dort, wo die Falten entstehen.[53] Selbst manche InsiderInnen der Industrie geben mittlerweile zu, dass die Cremes nichts nützen. „Wer nicht altern will, muß im Weltraum leben. Es gibt keine andere Möglichkeit, die Entstehung von Falten zu vermeiden, nachdem man einmal aus dem Mutterleib draußen ist", gesteht der Co-Direktor der Kosmetikfirma »Shiseido«.[54]

Berühmte ältere Frauen, die um Jahrzehnte jünger aussehen als sie tatsächlich sind, behaupten gerne, ihre Schönheit komme von innen oder von der richtigen Lebenseinstellung. Bestes Beispiel dafür ist eine Kampagne in der Zeitschrift Vogue, wo sehr jung aussehende, ältere, berühmte Models und Schauspielerinnen allesamt behaupten, ihre Schönheit sei Ergebnis ihrer inneren Haltung. „Magische Marisa", lautet es da etwa, „ist wunderschöne 46. Ihr Geheimnis? Die Balance von Körper und Seele", „Worauf es ankommt: innere Kraft und Unabhängigkeit" und „Die Quelle aller Verführungskraft ist der triumphierende Geist."[55] Dieses Argument der Innerlichkeit, ausgesprochen von Leuten, die mit ihrem Körper ihr Geld verdienen und damit per se viel für ihre Schönheit tun, halte ich für bemerkenswert.

In Wahrheit hat „Schönheit" im Alter vor allem mit Kontrolle und harter Körperarbeit zu tun. So sagte etwa die amerikanische Schauspielerin Jane Fonda – in Sachen Schönheit immer am Puls der Zeit: „Wenn Ted [Anm.d.A.: ihr damaliger Mann] und ich nach einer fünf- oder sechsstündigen Wanderung nach Hause kommen, legt er sich vor den Fernseher. Ich aber gehe noch eine Stunde aufs

Laufband oder auf das Standfahrrad, und anschließend arbeite ich noch 45 Minuten mit Gewichten."[56] Ich frage mich: Welche normale Frau hat überhaupt die Zeit, so viel für ihr Aussehen zu tun?

## FITNESS

Jane Fonda führt uns zum dritten Schönheitskriterium: der Fitness. In der zeitgenössischen westlichen städtischen Kultur haben, so bemerkt der amerikanische Philosoph Richard Shusterman, die Fitness-Studios die Kirche und das Museum verdrängt. Nun seien *sie* die „privilegierten Orte einer auf Selbstverbesserung gerichteten Lehre, die in seiner Freizeit zu besuchen man als Pflicht sich selbst gegenüber empfindet, auch wenn dies mit Unannehmlichkeiten und Mühen verbunden ist."[57]

Ein Körper entspricht heute dann dem Ideal, wenn er möglichst fettfrei ist. Das beste Mittel, um Fett ab- und Muskeln aufzubauen, ist Bewegung. Für Frauen der Oberschicht war es jahrhundertelang nicht sozial erwünscht, sichtbare Muskeln zu haben. Muskeln machen Frauenkörper Männerkörpern ähnlicher. Weibliche Rundungen hingegen – viel Brust und viel Hüfte – standen für Weiblichkeit.[58] Erst seit dem Aerobic-Trend der siebziger und achtziger Jahre des 20. Jahrhunderts wurde es für Frauen modern, muskulös zu sein. Heute ist der androgyne Unisexkörper modern, eine Mischung aus Männer- und Frauenkörper.

Ich möchte nicht Bewegung an sich in Frage stellen: Bewegung kann Spaß machen und die körperliche Kompetenz erhöhen. Aber die proklamierte Fitness ist eine neue *Norm*, der sich anzupassen hat, wer „in" sein will. Bewegung wird zum Werkzeug degradiert, um den funktionalisierten Körper in eine gewisse Form zu bringen. Da geht es nicht um Spaß. Ganz im Gegenteil, diese Form der Bewegung *soll* vermutlich gar nicht Spaß machen: Fitness wird als Arbeit vermarktet, als Leistung, die ich unter Schweiß und Schmerzen vollbringen muss, um nachher die Früchte in Form von mehr Muskeln zu ernten. Zeitschriften proklamieren Fitnessübungen mittlerweile sogar für Büropausen. „Power-Pause“[59] nennt sich dann das, was nicht nach „Pause“, sondern vielmehr nach harter Arbeit klingt.

Durch die Anpassung an den muskulösen Männerkörper wird der Frauenkörper um eine Komponente widersprüchlicher. Ich fasse zusammen: Die „schöne“ Frau ist glatt und haarlos wie ein Kind, fettfrei und gerade wie ein Knabe, groß wie ein Mann, mit den vollen und festen Brüsten eines jungen Mädchens und einem knackigen Männerpo.

Von dem von der Natur vorgesehenen weiblichen Körper sind damit eigentlich nur die Brüste übrig. Und die sollen dem Ideal nach symmetrisch, sehr hoch, fest und üppig sein, aber sie dürfen nicht hängen oder gar schwabbeln. Die meisten Frauen – rund 95 Prozent – haben keine symmetrischen Brüste. Es ist auch ein Widerspruch in sich, dass Brüste voll *und* fest sein sollen: Die Brust besteht aus Drüsen und Fettgewebe, sie hat keinen Muskel, der trainiert werden kann. Eine Brust müsste die Schwerkraft überwinden, wenn sie gleichzeitig üppig und fest sein soll.[60] Dieses Ideal der festen, vollen und symmetrischen Brüste können nur wenige junge Frauen erreichen. Für ältere Frauen ist dies ohnehin physisch unmöglich.

Absurderweise gilt heute das als weiblich, was traditionell als unweiblich galt:[61] die gerade, magere Statur ohne Rundungen außer der Brust. Diese Verdammung weiblicher Rundungen ist kennzeichnend für das heutige Schönheitsideal. Ich denke, für das Schönheitsideal sind Brüste deshalb so derartig wichtig, weil sie das einzige sind, was vom Frauenkörper noch sein darf. Die Entwicklung läuft darauf hinaus, einerseits den weiblichen Körper abzuwerten und andererseits das wenige, was noch geduldet wird – nämlich die Brust – überzubewerten und zur Schau zu stellen. Damit einhergehend wird die Brust stark sexualisiert.[62]

Betrachtet man das aktuelle Schönheitsideal, so ist eines entscheidend: Seit Ende des 20. Jahrhunderts bezieht sich das Schönheitsideal erstmals nicht auf den *bekleideten*, sondern auf den *nackten* Körper. Wir sind also mit einer völlig neuen Qualität des Schönheitsideals konfrontiert. Es ist nicht mehr unmodern, die falschen Kleider zu tragen – bezüglich Mode ist tatsächlich vieles möglich. Aber es ist ein grobes Vergehen, den falschen Körper zu haben. Es gibt ein flexibleres Modediktat für Kleider, das eigentliche Modediktat aber betrifft den Körper. Das Sprichwort „Kleider machen Leute" müsste längst „Körper machen Leute" heißen.[63]

Die Moraltheologin Regina Ammicht-Quinn attestiert, „dass ein wesentlicher und neuer Schritt in der Deutung von Körperlichkeit vollzogen worden ist: Körperlichkeit ist nicht einfach 'da', sondern sie ist gut oder schlecht, gelungen oder misslungen. Der Körper ist nicht mehr einfach Schicksal, bei dem einen eben etwas besser, bei der anderen etwas schlechter; er ist vielmehr das Ergebnis von Handlungen. Der herrschende Körperkult etabliert damit den Körper als Projekt."[64]

Der Körper wurde als Markt entdeckt, als Kapital und Ware, die über Chancen im Leben entscheiden. Parallel zur Erhöhung des Körpers als Kultobjekt, als „Erfolgsfaktor", fand auch seine Verdinglichung statt. Das führte zu einer zunehmenden Ent-Körperung, zu einer Entfremdung von unserer ureigensten Körperlichkeit, von unseren körperlichen Erfahrungen, Empfindungen und Bedürfnissen. Noch immer wissen Frauen sehr wenig über ihre eigene Körperlichkeit. Stattdessen wird ihnen vermittelt, dass sie sich Experten anvertrauen sollten, die nach medizinischen Standards über Wohl und Wehe ihrer Körperlichkeit urteilen. „Wir erleben zwar eine Liberalisierung und damit scheinbare Enttabuisierung, doch brachte das die zwiespältige Entwicklung mit sich, dass dadurch Körper auch verfügbarer wurden und sich neue Tabus bilden."[65]

Durch diesen veränderten Zugang zur Körperlichkeit haben sich auch die Techniken geändert, den schönen Körper herzustellen. Früher beschränkten sich Techniken zur Herstellung von Schönheit im großen und ganzen auf Kosmetik, Kleidung und Frisur. Moderne Techniken wie Diät und Schönheitschirurgie verändern nicht nur die Oberfläche des Körpers, sondern greifen *direkt* in ihn ein.

Neben Diät und Schönheitschirurgie geschieht der Eingriff direkt in den Körper mittels künstlicher Hormone. Hormonzufuhr soll Frauen auch mit dem Versprechen auf glattere Haut, weniger Körperbehaarung und weniger Cellulite schmackhaft gemacht werden. Wie in der Schönheitschirurgie greift auch hier ein medizinisches Fach, die Gynäkologie, in einen Bereich ein, der nichts mit ihrem eigentlichen Aufgabengebiet – der Behandlung von Krankheiten – zu tun hat. „Hormone für die Schönheit" nannte ein bekannter Wiener Gynäkologe sein Buch, in dem er auf „die großen Chancen der Hormonkosmetik" eingeht.[66] Allein der Titel und das Wort „Hormonkosmetik" zeigen, dass es sich hier um eine Ausweitung des gynäkologischen Fachgebietes handelt. Darüber hinaus ist es beschönigend, Medikamente als „Kosmetik" zu bezeichnen. Abgesehen davon, dass Hormonpräparate sehr stark in den Körper eingreifen, ist bemerkenswert, wie sehr die Hemmschwelle gesunken ist, Medikamente nicht gegen Erkrankung, sondern einzig wegen des Aussehens einzunehmen.[67]

Ein neues Geschäftsfeld ist auch die Gentechnik, für die in letzter Zeit durch enorme mediale Präsenz der Weg zur gesellschaftlichen Akzeptanz geebnet wird. Das „Kind nach Wahl" wird als Fortschritt gepriesen, fast immer fehlt in den Medien und den wissenschaftlichen Beiträgen eine kritische Gegenseite. Auch hier begünstigen beschönigende Ausdrücke – wie etwa „therapeutisches" Klonen – die gesellschaftliche Akzeptanz. Fieberhaft wird bereits nach einem „Fett-Gen" gesucht, periodisch tauchen diesbezügliche Erfolgsmeldungen auf und verschwinden ebenso schnell wieder.

Bei der genetischen Selektion unerwünschter Anlagen geht es auch um das Aussehen: Eine Untersuchung in den USA ergab, dass zwölf Prozent aller Eltern ihren Fötus abtreiben würden, wenn er die genetische Veranlagung zur Fettleibigkeit hätte.[68] Um schöne Menschen produzieren zu können, versteigert ein amerikanischer Modefotograf im Internet bereits Eizellen von Fotomodellen. Seine Website verteidigt er mit dem Argument, in der modernen Gesellschaft gehe Schönheit ohnehin „an denjenigen, der das höchste Gebot abgibt". Er wolle Eltern helfen, „schöne Kinder zu zeugen und diesen so einen Vorteil in der Gesellschaft mitzugeben".[69] „Letztlich muss man von einer subtilen Form der Eugenik sprechen – diesmal freilich nicht staatlich verfügt, sondern auf dem Wege der Tyrannei der sogenannten 'persönlichen Wahl'."[70]

## Körperpolitik

Das weibliche Körperideal passte sich immer dem Frauenbild an, das gerade gesellschaftlich erwünscht war. Das Schönheitsideal steht im Zusammenhang mit der gesellschaftlichen Situation. Es ist Symbol dafür, welchen Platz Frauen in der Gesellschaft einnehmen sollen. Naomi Wolf, amerikanische Autorin und Kritikerin des Schönheitsideals, sieht die fortschreitende Herausbildung einengender Körpernormen als Reaktion auf hundert Jahre weibliche Emanzipation.[71]

Zwei Mal tauchten im 20. Jahrhundert explizit weibliche Rundungen als Ideal auf: im Nationalsozialismus und in den regressiven fünfziger Jahren. Beide Male repräsentierte ein „rundes" Körperideal die erwünschte Frauenrolle: Hausfrau und Mutter. Besonders schlank wurde das Körperideal für Frauen erstmals in den zwanziger Jahren. Es war jene Zeit, als sich die Frauenbewegung formierte und als Frauen in der westlichen Welt das Wahlrecht erhielten.

Dass schön gleich dünn ist, wiederholte sich beim nächsten Schub der Frauenbewegung: in den sechziger Jahren. 1965 zeigte das englische Model Twiggy erstmals, wie dünn ein Model sein kann. Mit 41 Kilo bei einer Größe von 1,67 Meter verkörperte Twiggy eine hilflos wirkende Kindfrau. Der Kampf der Frauen um mehr Platz in der Welt wurde abermals begleitet von einem sehr schlanken

Schönheitsideal. Zunehmende gesellschaftliche Freiheiten für Frauen seit den zwanziger Jahren und neue Schlankheitszwänge laufen also parallel. Das Diätzeitalter löste das Korsett ab und wurde zur neuen Fessel der Frauen.

Es ist kein Zufall, dass gerade heute, wo Frauen mehr Einfluss, Selbstbestimmung und Geld haben als je zuvor, sie auch dünn sein müssen wie noch nie. „Als Frauen (...) massiv in männliche Bereiche eindrangen, mußten Maßnahmen ergriffen werden, lustfeindlich, aber dringend notwendig, um sie, die sich nicht länger in ihren Häusern halten ließen, in ein neues Gefängnis einzusperren: ihren eigenen Körper."[72]

Heute halten an einem beliebigen Tag etwa 25 Prozent aller US-amerikanischen Frauen Diät, 50 Prozent beenden gerade eine, brechen sie ab oder beginnen damit.[73] Was aber bedeutet das kollektive Hungern der Frauen? Hungern bedeutet Schwächung – körperlich, emotional, sexuell, geistig. „Man kann nicht gut denken, nicht gut lieben, nicht gut schlafen, wenn man nicht gut zu Abend gegessen hat", sagte einst Virginia Woolf.[74] Indem die Gedanken einer Frau um ihren Körper kreisen, wird ihr Selbstbewusstsein geschwächt. Sie empfindet lustvolles Essen als ihr Versagen und ihre Schuld.

Innerhalb einer Gesellschaft ist das Schönheitsideal schichtspezifisch: Der Zwang, auf das Aussehen zu achten, steigt mit der sozialen Schicht. Je mehr Möglichkeiten eine Frau also potentiell hätte, um so stärker wird der Zwang, dünn, jung und fit zu sein. Und je weiter eine Frau gesellschaftlich vorankommen will, um so eher muss sie diesen Normen entsprechen.[75] In Industriestaaten gibt es dementsprechend in der Unterschicht die meisten Übergewichtigen und in der Oberschicht die meisten Untergewichtigen und eher Essstörungen.[76]

Auch Frauenzeitschriften reagieren auf ihr schichtspezifisches Klientel. Ebba D. Drolshagen resümiert aus ihrer Medienbeobachtung von Frauenzeitschriften: Je teurer die Frauenzeitschrift, um so dünner die darin abgebildeten Frauen.[77] Barbara Krebs vom Frankfurter »Institut für Eßstörungen« spricht vom „Nancy Reagan-Effekt": „Je höher die soziale Stellung des Mannes, desto dünner und eßgestörter die Frau."[78]

Für Frauen heißt das, dass ihre potentiellen Möglichkeiten durch die engen Schönheitsnormen begrenzt werden. Zeit, Geld und Energien, die in die Herstellung von Schönheit gesteckt werden, stehen für anderes nicht mehr zur Verfügung. Das erfüllt politische Funktionen: Die patriarchale Ordnung bleibt intakt, solange Frauen an ihrem Körper leiden und sich für ihn schämen. Selbst der mächtigsten Frau der Welt haben gleich mächtige Männer immer voraus, dass sie sich nicht um Schönheit kümmern müssen.

Für Frauen kann der Schönheitskult ein zweifelhafter Ausweg aus ambivalenten Rollen sein. In einer Welt, die so chaotisch und wenig durchschaubar und zu beeinflussen ist, kann die Selbstkontrolle des Körpers eine Struktur schaffen, die scheinbaren Halt und ein Gefühl von Weiblichkeit gibt.[79] „Sind das Beschwichtigungsgesten – auch für uns selbst –, daß es mit unserer Eroberung der Macht nicht ganz so ernst ist? Wollen wir damit signalisieren: 'Wenn ich schon so emanzipiert bin und den Abteilungsposten bekomme, den du gern gehabt hättest, lieber Mann, dann schau doch: Ich komme auf Stöckelschuhen, du brauchst keine Angst zu haben, was mich wirklich interessiert, ist doch im Grunde nur dein bewundernder Blick.' Ich behaupte nicht, daß es so ist. Ich frage nur, ob es so sein könnte."[80]

## DIN-Norm

Wir leben in einer Zeit, in der Individualität hoch geschätzt wird. Selbstverwirklichung, den eigenen Weg finden und sich von der Masse abheben stehen hoch im Kurs. Aber beim Körper hört diese Wertschätzung der Individualität auf. „Das rigide Schönheitsideal läßt keinen Raum für die Individualität weiblicher Körper. Gleich einer DIN-Norm (...) postuliert es Frauenschablonen, die einander zum Verwechseln ähnlich sind."[81]

Die rigiden Körpernormen orientieren sich ausschließlich an westlichen, also europäischen und nordamerikanischen Frauen. Aufgrund der Globalisierung und des wachsenden Einflusses westlicher Medien in der Welt beeinflussen diese Normen zusehends auch andere Kulturen. Das hat viele Folgen:[82] In Korea sind Verkleinerungen der Lidfalten beliebte Geburtstagsgeschenke für Mädchen. Laut dem Leiter der Abteilung für plastische und wiederherstellende Chirurgie der Universitätsklinik in Seoul lassen sich rund 40 Prozent der jungen Koreanerinnen ihre Lider operieren, um europäischer zu wirken. In Japan legen sich immer mehr Geschäftsmänner unters Messer der Schönheitschirurgen, weil sie sich von einer Verkleinerung der Lidfalte bessere Geschäftsbeziehungen mit weißen Europäern und Amerikanern erhoffen. In Westafrika hat man mit anderen Anpassungsproblemen zu kämpfen. Hier gilt die Haut als zu dunkel. Seit den sechziger Jahren werden Hautaufhellungscremes genutzt – allesamt schädlich für die Haut. Manche Afrikanerinnen verstärken die Wirkung dieser Cremes noch mit Fleckentfernern, aggressiven Desinfektionsmitteln oder Haarbleichmitteln.

Der Einfluss des westlichen Schönheitsideals lässt sich auch an Frauen erkennen, die aus anderen Kulturkreisen in den Westen emigriert sind: Emigrantinnen sind gefährdeter, eine Essstörung zu entwickeln, als Frauen, die bereits im Westen geboren sind, wie Studien aus England, Kanada und Norwegen zeigen. Sie scheinen das westliche Schönheitsideal besonders stark zu verinnerlichen. So legen Frauen aus Kenia, die nach England emigriert sind, größeren Wert auf Schlankheit als in England aufgewachsene Engländerinnen. Aufschlussreich ist auch eine Studie über ägyptische Frauen, die in England studieren. Sie leiden demnach weitaus häufiger an Essstörungen als Studentinnen an ägyptischen Universitäten und kommen auf eine ähnlich hohe Häufigkeit von Essstörungen wie Ballettschülerinnen und Models.[83]

Ich sehe das gegenwärtige Schönheitsideal für verhängnisvoll an. Das Verhängnis besteht in zwei Aspekten: Einerseits gilt Schönheit als machbar. Andererseits wird uns für Schönheit das Glück schlechthin versprochen.

Glaubt man Medien und Werbung, so ist jede Frau selbst schuld, wenn sie nicht dem Schönheitsideal entspricht. Jede Frau kann, so lautet die Botschaft, diese Normen erfüllen. Sie muss nur hart an sich arbeiten, sehr diszipliniert sein und entsprechend Geld dafür aufbringen. Dieser Ansatz macht mangelnde Schönheit zum persönlichen Versagen. Hinter diesem Mythos von der Machbarkeit steckt ein starker Leistungsgedanke.

Neben den Anbietern von Schönheitsprodukten und -techniken verbreiten vor allem die Medien den Mythos von der Machbarkeit. „Weil keiner so bleiben muss, wie er ist, kann heute jeder seinen Attraktivitätsfaktor mit Nadel und Skalpell einfach 'upgraden'",[84] lautet es da etwa und: „Kapital Körper: Sie haben den Körper bekommen, den Sie brauchen. Im Laufe der Jahre kriegen Sie den, den Sie verdienen. Entscheidend ist, wie Sie das Grundkapital Körper verwalten. Ob Sie vorzeitig als Konkursmasse enden oder noch mit 80 fit und fidel sind – es liegt allein in Ihrer Hand. Alles andere sind faule Ausreden."[85]

Dass Medien auch im redaktionellen Teil der Schönheitsindustrie Honig ums Maul schmieren, dass sie deren Argumente wiederkäuen, hat seinen Grund: Medien sind zum Gutteil von bezahlten Anzeigen abhängig. Der redaktionelle Teil darf den Werbebotschaften nicht widersprechen. Nicht zufällig erscheinen redaktionelle Artikel über die „ungesunden Dicken" meist gerade dann, wenn ein neues Schlankheits-Medikament auf den Markt kommt.

Der Mechanismus nährt sich selbst und gleicht einer Spirale, die immer enger wird: Das Gewerbe schaltet Anzeigen, die gelesen werden. JournalistInnen schreiben auf derselben Argumentationslinie um die Anzeigen herum. Das erscheint den LeserInnen objektiv, weil es nicht als Anzeige gekennzeichnet ist. Diese doppelte Propaganda beschert beiden Seiten gute Geschäfte: den Anbietern von Diäten, Schönheitsoperationen etc. Verkaufssteigerung und den Medien Anzeigen. Je reicher die Anbieter von Schönheitsprodukten und -techniken werden, um so mehr Werbung schalten sie und um so weniger unabhängig können JournalistInnen agieren.

### Schönsein macht nicht glücklich

Gekoppelt wird diese suggerierte Machbarkeit mit dem Versprechen von Liebe und Glück. Der Kampf um Schönheit ist in Wirklichkeit ein Kampf um Glück, Anerkennung und Liebe. Aber Schönsein macht nicht automatisch glücklich. Viele Frauen wollen zwar für ihr Aussehen bewundert, aber nicht zum Sexobjekt gemacht werden. Und Frauen befinden sich auf einer schmalen Gratwanderung. Denn Schönheit ist sehr stark an Sex gekoppelt.

Erfolgsberichte in den Medien unterstützen die Vorstellung, wer dem Schönheitsideal entspräche, sei automatisch glücklich. „Vom verspotteten Pummelchen zur glücklichen Ehefrau und Mutter. Kaum zu glauben, dass diese hübsche Frau einmal 50 Kilo Übergewicht hatte", schreibt eine deutsche Frauenzeitschrift.[86] Wie oft im Leben hören Frauen die Hypothese, mit der Schönheit käme auch das private Glück? Wie oft wird Liebe auf die passive Wirkung des Anderen-Gefallens reduziert? „Wie viele von uns glauben insgeheim daran, dass es eine Formel gibt, eine Formel für das private Glück, eine Formel, mit der ein Partner dauerhaft gebunden und gehalten werden kann? Die Kultur ermutigt uns, daran zu glauben, danach zu suchen, und gleichzeitig verunsichert sie uns immer wieder mit Geschichten von Frauen, die falsch kalkulierten und damit ins Unglück stürzten."[87]

Auch Verbindungen von schönen Frauen mit prominenten Männern nähren diese Vorstellung. Wenn prominente, mächtige, oft ältere Männer mit auffallend attraktiven, oft bedeutend jüngeren Frauen Verbindungen eingehen, sagt das zwar nichts über die Qualität ihrer Beziehungen aus. Nach außen hin aber ist es der perfekte Tausch: weibliche Schönheit gegen männliche Macht. Eine schöne Frau ist für einen Mann, sobald er mit ihr in der Öffentlichkeit auftritt, ein Statussymbol. Sie gilt als „Erwerb" und bringt ihm die Hochachtung anderer Männer ein.[88] Ein Mann gewinnt viel eher durch die Attraktivität und sexuelle Anziehungskraft seiner Frau an Status als etwa dadurch, dass sie viel Geld hat, sehr klug oder beruflich erfolgreich ist. Umgekehrt ist das nicht der Fall.

Sieht man näher hin, so ist Schönheit jedoch weder eine Voraussetzung für Liebe noch für befriedigende Sexualität. Der Schönheitsmythos „verhindert, daß Männer Frauen wirklich sehen. Ganz im Gegensatz zu dem, was er behauptet, stimuliert und befriedigt er sexuelles Begehren nicht. Indem er eine Vision an die Stelle einer wirklichen Frau setzt, wirkt er betäubend, er reduziert alle Sinne bis auf das Sehen, und auch das Sehen schränkt er ein."[89]

In der Sexualität spielt das Aussehen eine eher untergeordnete Rolle. Um jemanden genau anzusehen, braucht man Abstand. Und im Bett hat ein Liebespaar kaum Abstand, da sind ganz andere Sinne angesprochen. Schönheit ist in der Nähe nicht relevant. Und nicht einmal die perfekteste Frau der Welt ist ohne Distanz noch perfekt. Eine gelungene Sexualität hat also nichts mit Schönheit zu tun.

## Nützt Schönheit?

Das stärkste Verkaufsargument aller Schönheitsprodukte ist der gesellschaftliche Nutzen von Schönheit: Ohne gutes Aussehen kommst du im Leben nicht durch. Besonders beliebt ist dieses Argument bei Schönheitschirurgen: Es kommt beinahe in jedem Interview eines Chirurgen vor, in jedem Artikel, den ein Chirurg schreibt und in jeder Anzeige, die geschaltet wird. Diese Argumentation gibt dem Schönheitschirurgen die Möglichkeit, sich selbst als Retter, als selbstlosen Helfer der armen, von der Gesellschaft gegeißelten Frauen darzustellen.

Welche Konsequenzen hat es aber, ob ein Mensch dem Schönheitsideal entspricht oder nicht? Stimmt es wirklich, dass schöne Menschen mehr Chancen im Leben haben?

Ganz allgemein gilt: Wie jemand aussieht, wirkt sich auf den ersten Eindruck aus. Schöne Menschen haben da einen gewissen Vertrauensvorschuss. Ein Beispiel: Im Rahmen einer Studie wurden Versuchspersonen Vorher-Nachher-Fotos von Menschen vorgelegt, welche sich Schönheitsoperationen unterzogen hatten. Die Personen auf den Fotos wurden nach ihren Schönheitsoperationen als erheblich freundlicher, herzlicher, aufgeschlossener und glücklicher eingeschätzt als vorher.[90]

Diese Einschätzung von außen sagt jedoch noch nichts darüber aus, wie sich schöne Menschen wirklich fühlen. Der Glücksforscher Ed Diener von der »University of Illinois« erforschte per Fragebogen das subjektive Wohlbefinden von Studentinnen und Studenten. Er fotografierte sie und suchte nach einem Zusammenhang zwischen ihrem Aussehen und ihrer Zufriedenheit. Er fand ihn nicht: Diejenigen, die aufgrund der Fotos als attraktiv eingeschätzt wurden, waren nicht glücklicher als unattraktivere Versuchspersonen. In der anschließenden Befragung stellte sich heraus, dass die unscheinbareren TeilnehmerInnen ihr Aussehen nicht für wichtig hielten, um ihre persönlichen Lebensziele zu erreichen.[91]

In gewissen Lebensbereichen erfahren schöne Menschen Bevorzugung: Hübsche Kinder bekommen mehr Aufmerksamkeit von ihren LehrerInnen.[92] Eine in den USA Mitte der achtziger Jahre durchgeführte Untersuchung ergab, dass Manager pro Kilo weniger Körpergewicht 1000 Dollar mehr pro Monat verdienten.[93] Viele Untersuchungen zeigen, dass Dicke diskriminiert werden – auch von Ärzten: Bei einer Studie gaben 87 Prozent der befragten Übergewichtigen an, von ihrem behandelnden Arzt aufgrund ihres Gewichts respektlos behandelt worden zu sein.[94] Umgekehrt belegen Untersuchungen, dass diese Einschätzung wohl gerechtfertigt ist: Ärzte beurteilen ihre dicken PatientInnen mehrheitlich als willensschwach und hässlich.

Schönheit hat aber nicht nur angenehme Konsequenzen, wie es vielleicht auf den ersten Blick scheinen mag: Schöne Menschen können sich nie sicher sein, ob sie aufgrund ihres Aussehens geschätzt werden oder um ihrer selbst willen.

Sie können missbraucht werden, um dadurch soziales Prestige zu gewinnen. Beruflich erfolgreichen, schönen Frauen wird außerdem oft unterstellt, sie hätten ihre Position aufgrund sexueller Beziehungen erreicht. Darüber hinaus wird ein attraktives Äußeres als Argument herangezogen, um sexuelle Belästigung (speziell am Arbeitsplatz) zu verharmlosen und zu rechtfertigen. Da heißt es dann, durch ihr Aussehen hätte die Frau die sexuelle Gewalt provoziert.

Auch im Beruf ist übermäßige Schönheit nicht nur dienlich: Studien zeigten, dass attraktive Frauen nur in Jobs mit niedrigem Qualifikationsniveau größere Einstellungschancen haben. Ihre Chancen sinken aber bei Jobs mit hohem Qualifikationsniveau und in Leitungspositionen. Je höher die Position in der Hierarchie, desto weniger Chancen haben schöne Bewerberinnen. In „männlichen" Positionen – und hohe Positionen sind traditionell männlich – werden schöne Frauen als zu weiblich und damit inkompetent eingestuft.[95]

Das bedeutet, dass das Aussehen einer Frau nie „richtig" sein kann. Beides kann gegen die Frau ausgespielt werden: ihre Attraktivität wie auch ihre Unattraktivität. Im Streitfall sieht sie nie „richtig" aus. „Der Mythos beruht auf dem Irrtum, daß Schönheit Darwinismus ist, ein natürlicher Kampf um knappe Ressourcen, und die Natur blutige Zähne und Klauen hat."[96]

Schöne Menschen werden auch eher auf ihr Aussehen reduziert. Die Psychologin Ursula Nuber berichtet von einem Besuch im Fitness-Studio, bei dem eine Frau erzählte, sie hätte in den letzten Jahren 33 Kilo abgenommen: „Wenn sie berichtet hätte, Robert Redford habe ihr einen Heiratsantrag gemacht, wäre die Aufmerksamkeit aller anwesenden Frauen nicht größer gewesen."[97] Eine Reduktion auf das Aussehen stellt Persönlichkeitsmerkmale und Leistungen in den Hintergrund. Das britische Model Kate Moss klagt öffentlich: „Beruflich bin ich immer nur eine Ware, die bestellt wurde. So sehr, dass ich zu einer völlig fremden Person werde."[98]

Sicher wird es Ausnahmen geben, aber insgesamt geht es schönen Menschen nicht besser als weniger schönen, wie psychologische Untersuchungen zeigen:[99]

Demnach sind schöne Menschen nicht selbstsicherer, auch nicht in Bezug auf ihr Aussehen. Sie sind nicht gesünder und haben nicht mehr (eher weniger) gute FreundInnen. Diese Eigenschaften, die wir im allgemeinen Schönheiten zuschreiben, haben andererseits jene Menschen, die sich aufgrund ihres starken Selbstwertgefühls selbst für attraktiv halten. So zeigten Frauen, die nach objektiven Kriterien nicht attraktiv waren, sich selbst jedoch dafür hielten, in einer psychologischen Studie positivere Persönlichkeitseigenschaften als schöne Frauen. Sie waren energiegeladener und angstfreier als objektiv schöne Frauen. Ihr positives Selbstbild verhalf ihnen zu einem starken Selbstbewusstsein. Schöne Frauen hingegen, die sich ihrer Schönheit nicht bewusst waren, profitierten von ihrer Attraktivität sehr viel weniger.

### Männer

Ich möchte jetzt noch auf einen sehr jungen Trend eingehen, der aber, wie ich denke, weitreichende Konsequenzen haben wird: das Schönheitsideal für Männer. Bis vor wenigen Jahren hatte im großen und ganzen noch der berühmte Satz aus Friedrich Torbergs Roman „Die Tante Jolesch" Gültigkeit: „Alles was ein Mann schöner ist als ein Aff', ist ein Luxus." Heute ist das nicht mehr so. In den letzten Jahren rollt eine Lawine von Zeitschriftenartikeln über uns herein, die Tipps für Männerschönheit gibt. Perfekte Männerkörper zieren Werbeplakate, und Kosmetikketten entwerfen reihum eigene Männerprodukte. Parallel dazu etabliert sich zusehends die Sparte Männermedizin. In dieser Form und mit dieser Vehemenz ist das neu. Der Mann wurde als Zielgruppe entdeckt.

Beim neuen Männerideal geht es sehr stark um Muskeln. Der moderne Mann soll vor allem durchtrainiert, fit und stählern sein, und er darf kein Fleckchen Fett haben. Diese Panzerung entspricht einem alten Männlichkeitsideal. Männermagazine machen ihren Lesern ausdrücklich Angst vor schlechtem Aussehen – so zum Beispiel die Zeitschrift Wiener, wenn sie schreibt: „Sie finden, Kosmetik sei nichts für Männer, für richtige Männer? Dabei ist es heutzutage so: Wer gut aussieht, kriegt den besseren Job, die steilere Karriere, die tolleren Frauen."[100] Und in der Zeitschrift »Men's Health« erfuhren Männer, „wie man aus 'nem Po einen Knackarsch und Frauen willenlos macht".[101]

Dieses neue Leitbild konzentriert sich stark auf zwei Glücksversprechen: die männliche Sexualität und Erfolg im Beruf. Sexualität und Erfolg im Beruf werden zur Schiene zwischen dem Mann und seinem Körper.

Einhergehend mit diesem veränderten Männerideal hat sich auch das Bild vom idealen Politiker geändert. Vorbei sind offenbar die Zeiten, wo angemessene Leibesfülle den Status eines Herrschers unterstrich, vorbei die Zeiten eines Bruno Kreisky und eines Helmut Kohl, wo ein dicker Männerbauch noch Macht symbolisierte. Heute geben sich Politiker vor allem fit und dynamisch, sie lassen sich beim Joggen fotografieren und posieren im Fitness-Studio. „Ein Topmanager gefährdet seine Position, wenn er nicht athletisch-sportlich-dynamisch auftritt. Erfolgreiche Unternehmer und selbst Politiker grüner Couleur strampeln sich ab, um dem Fitnessideal zu genügen, als würde ein gegen alle Süchte abgeneigter, mustergültig disziplinierter, getrimmter Körper die Verfügungsgewalt über Parlamente, Oppositionsparteien, Wähler, Geschäfte und Kunden erhöhen."[102]

Das eigentlich Neue ist, dass das Thema „Mann und Schönheit" nun kein Tabu mehr ist. Bisher gab es sicher auch schon Männer, die zur Kosmetikerin gingen oder sich unters Messer des Schönheitschirurgen legten. Aber sie taten das heimlich, da Verschönerungen etwas Weibliches an sich hatten. Nun wird es jedoch gesellschaftsfähig.

Ich möchte jedoch ausdrücklich betonen, dass das Aussehen für Männer nach wie vor bei weitem nicht so wichtig ist wie für Frauen. Dennoch zeigt diese Entwicklung, dass wir bereits einen Schritt weiter sind und dass das Menschenbild zusehends von wirtschaftlichen Interessen diktiert wird.

Insgesamt sollte es darum gehen, sich im eigenen Körper wohlzufühlen. Die Jagd nach unerreichbaren Schönheitsidealen und die Unzufriedenheit mit sich selbst machen krank.

Mir geht es nicht darum, die zu kritisieren, die sich schöner machen wollen. Uns schadet nicht das Sich-schön-Machen an sich. Schönheit kann eine sehr sinnliche und lustvolle Komponente haben. Manchmal macht es einfach Spaß, mit dem Aussehen zu experimentieren, sich herzurichten und aufzuputzen. „Das eigentliche Problem besteht nicht darin, ob Frauen geschminkt sind, und nicht, ob sie zu- oder abnehmen, ob sie sich operieren lassen oder nicht, ob sie sich zurechtmachen oder nicht, ob sie ihre Kleidung, ihr Gesicht, ihren Körper zu Kunstwerken machen oder ganz auf äußeren Schmuck verzichten. *Das Problem besteht darin, daß sie keine andere Wahl haben.*"[103]

Das Verschönern schadet uns dann, wenn es zum Zwang wird: wenn die Waage zum Gradmesser für die Tagesverfassung wird und der Kalender zum Richter über das Selbstwertgefühl. Schönheit schadet, wenn unrealistische Erwartungen an den neuen Körper geknüpft sind. Zum Beispiel: Wenn ich erst richtig schlank bin, dann –

– dann wird alles gut,
– dann finde ich den Richtigen,
– dann werde ich geliebt,
– dann gehöre ich dazu,
– dann, dann beginnt mein wirkliches Leben.

Die Voraussetzung aller Veränderung ist, dass man sich mit einer Sache beschäftigt; dass man weiß, was Sache ist – jenseits aller Propaganda. Um den Schönheitswahn zu verändern, brauchen wir das Bewusstsein, dass er von außen gemacht ist und dass das alles nicht unsere eigene Idee und unser eigenes Bedürfnis ist. In den seltensten Fällen machen wir uns für uns selber und nur für uns selber schön. Im Normalfall wollen wir dabei von anderen gesehen werden. Ein Blick in die Vergangenheit kann das gegenwärtige Schönheitsideal relativieren und somit das vermeintlich „eigene" Bedürfnis in einen gesellschaftlichen Kontext bringen: In vergangenen Jahrhunderten hätte wohl niemand freiwillig abgenommen, denn schlank galt nicht als schön. Dünnsein stand für Krankheit und Armut. In der europäischen Kunst vergangener Jahrhunderte zeigte man dünne Menschen fast ausschließlich, um Not, Hunger und Krieg darzustellen.[104] Dicksein hingegen stand für gesunde Ernährung, und das bedeutete Wohlstand und Gesundheit. Dicksein war attraktiv – und zwar bis vor wenigen Jahrzehnten. In der westlichen Welt des beginnenden 21. Jahrhunderts steht Dicksein für Krankheit, Unattraktivität und Armut. Wie es früher vermutlich normal schien, dass Menschen dick sein wollten, erscheint es uns heute völlig normal, dass sie dünn sein wollen.

Das Erleben des eigenen Körpers ist gesellschaftlich bedingt. Es ist eingebettet in ein Wertesystem, das wir von klein auf mitbekommen. Frauen sind dabei nicht passive Opfer. Opfer handeln nicht. Opfer sind abhängig – abhängig davon, ob sich der/die andere so verhält, dass es günstig ist oder so, dass es ungünstig ist. Frauen sind aktiv beteiligt, denn sie tragen dieses Wertesystem mit und erhalten es damit aufrecht.

Ohne Müttern, Tanten, Kindergärtnerinnen, Lehrerinnen und all den anderen Frauen, mit denen kleine Mädchen aufwachsen, Schuld und alleinige Verantwortung geben zu wollen, halte ich ihre Rolle für entscheidend. Die Entwicklung eines positiven Körpergefühls ist für ein Mädchen leichter, wenn es weibliche Vorbilder hat, die ihm das authentisch vorleben und ihre weibliche Körperlichkeit akzeptieren.

Für die einzelne Frau, denke ich, gibt es keine Patentrezepte für den Umgang mit dem Schönheitsideal. Es kann immer Phasen geben, in denen wir uns hässlich fühlen. Zwar werden immer mehr Stimmen gegen die beengenden Körpernormen laut, aber der Zwang zur Idealfigur sitzt tief. Kaum jemand kann sich ihm ganz entziehen. Die Frage ist jedoch, wie wir mit Körperkrisen umgehen. Wieviel Ehrfurcht bringe ich meinem Körper entgegen, wenn es mir einmal nicht so gut geht? Glaube ich: Mit fünf Kilo weniger wird alles gut? Wie wichtig ist es mir, dass mein Körper der Norm entspricht? Was bin ich dafür zu tun bereit? Wie weit gehe ich? Die Antworten auf diese Fragen können unterschiedlich ausfallen.

Ich halte es nicht für zielführend, wenn Unwohlfühlen auf das Aussehen reduziert wird. Vielleicht geht es uns in einer wichtigen Beziehung schlecht oder in der Arbeit. Vielleicht fühlen wir uns einsam oder überlastet. Den Körper für jegliches Unwohlfühlen verantwortlich zu machen und über seine Veränderung eine Besserung zu erhoffen, kann nicht die Lösung sein. Für wichtig finde ich in einer körperlichen Krisenzeit, die gesamte Lebenssituation anzusehen. Wenn ich in einer belastenden Beziehung lebe, helfen auch zehn abgenommene Pfund oder im Extremfall eine neue Nase nichts.

Ich finde es wichtig, dass wir uns fragen, ob wir *wirklich* so aussehen wollen wie die Ideale, denen wir nacheifern. Unser Aussehen beeinflusst unser Empfinden, unsere Wirkung auf andere und unser Erleben. Radikale körperliche Veränderungen greifen daher auch radikal ins Leben ein. Sie verändern unsere Wirklichkeit. Wie stark wollen wir uns also verändern? Was sind wir ohne unseren eigenen Körper? Würde unser Körper noch unsere ganz persönliche Lebensgeschichte widerspiegeln? Könnten wir uns noch mit uns selbst identifizieren? Würden wir mit einem perfekten Körper unsere Sexualität anders erleben, hätten wir andere Freundinnen und Freunde, andere Partnerinnen und Partner, einen anderen Job? Was bliebe übrig von unserem bisherigen Leben? Es ist durchaus möglich, einen Menschen durch Lifting um zehn Jahre jünger aussehen zu lassen. Aber hat er dann auch zehn Jahre seines Lebens verloren? Wenn die 60-Jährige plötzlich aussieht wie eine 50-Jährige, wie *fühlt* sie sich dann: zehn Jahre jünger oder zehn Jahre älter?

Unser Körper spiegelt unsere, und *nur* unsere eigene Lebensgeschichte wider: Freude, Trauer, Arbeit, Genuss und vieles mehr. Es könnte ein Ziel sein, die Lebensgeschichte in der eigenen Körperlichkeit anzuerkennen. Was an uns unattraktiv ist, entscheiden wir in den meisten Fällen allein. „Im Auge des Betrachters kann das angeblich Häßliche durchaus eine attraktive Ausstrahlung haben. Warum glauben wir nicht zur Abwechslung mal einem uns gewogenen Menschen, wenn er uns versichert, daß dieser kleine Bauch, den wir unbedingt wegtrainieren wollen, auf ihn (oder sie) erotisch wirkt? Warum vertrauen wir nicht darauf, daß unser Gesicht, das von einem anderen als 'interessant' bezeichnet wird, vielleicht nicht schön ist, dafür aber Ausstrahlung besitzt?"[105]

Bevor sich Frauen einer Körperveränderung unterziehen, halte ich es für enorm wichtig, dass sie kritisch und unabhängig informiert werden. Das heißt, die, die über ein Produkt informieren, dürfen nicht gleichzeitig mit diesem Produkt Geld verdienen. Und das ist im Fall von Techniken zur Körperveränderung noch nicht der Fall – etwa in der Schönheitschirurgie: Die einzigen, die Informationen über Schönheitsoperationen anbieten, sind die Chirurgen selbst und ihre Standesvertretungen. Hier sind also Interessenvertretungen und unabhängige Beratungsstellen gefragt, die wissenschaftlich fundiert ein Gegengewicht zur Industrie darstellen.

Auf gesellschaftspolitischer Ebene halte ich Bedingungen für notwendig, die Frauen einen selbstbestimmten Umgang mit ihrem Körper ermöglichen. Denn das heutige Schönheitsideal ist auch Symbol für den Platz, den Frauen in dieser Gesellschaft einnehmen sollen: nach wie vor wenig. Frauen haben noch immer viel weniger gesellschaftliche Macht als Männer, Macht, die auf etwas anderem als dem Aussehen und den „Waffen einer Frau" beruht. Weibliche Körperlichkeit wird nach wie vor vorwiegend von Männern kontrolliert. Sie wird medikalisiert und abgewertet. Frauen erfahren vielfältig, dass sie auf ihren Körper reduziert werden. Sollen sich die engen Schönheitsnormen ändern, so müssen sich auch diese gesellschaftlichen Benachteiligungen ändern, die zur Einengung von Frauen beitragen.

Endlich aufgebrochen werden muss auch das kollektive Schweigen über die Gesundheitsgefährdung durch Diäten, die Unwirksamkeit von Schönheitsprodukten, die Gesundheitsgefährdung durch Schönheitsoperationen und die Fragwürdigkeit so mancher Studie, die als wissenschaftliche Untermauerung herangezogen wird. Dazu ist ein kritischer Journalismus notwendig. Dieser wird nur dann möglich, wenn JournalistInnen sich endlich aus ihrer „Verpflichtung" gegenüber den Anzeigenkunden lösen, wenn sie nicht immer die ewig-gleichen „ExpertInnen" befragen und kritischere Recherchen wagen. Erst das mangelnde Vorhandensein unabhängiger Interessenvertretungen, die Verbandelung von Journalismus, Politik, Ärzteschaft und Wissenschaft mit der Industrie und die Deckung dieser Machenschaften durch die Medien ermöglichen einen Schönheitskult im heutigen Ausmaß.

Eine frauenfreundliche Definition von Schönheit setzt die beengenden Normen weiter und entkoppelt Schönheit von Weiblichkeit. Schönheit kann Spaß machen, aber wir dürfen unseren Selbstwert nicht vom Körper abhängig machen. „Eine Frau profitiert davon, daß sie sich und anderen Frauen alles mögliche erlaubt: zu essen, erotisch zu sein, älter zu werden, einen Overall zu tragen oder ein Diadem mit künstlichen Steinen, ein Balenciaga-Kleid, einen Abendmantel aus dem Secondhandshop oder Springerstiefel; sich ganz zu verhüllen oder so gut wie nackt herumzulaufen; zu tun, wofür – oder wogegen – auch immer sich ihr ästhetisches Empfinden entscheidet. Eine Frau profitiert von dem Gefühl, daß alles, was eine Frau mit ihrem Körper tut, ganz allein ihre Sache ist. Wenn viele einzelne Frauen sich aus dem Schönheitsmarkt herauslösen, wird er sich auflösen."[106] Die Norm muss sich also ändern, nicht unsere Körper.

[1] Uta Tschirge/Anett Grüber-Hrcan (1999): Ästhetik des Alters. Der alte Körper zwischen Jungendlichkeitsideal und Alterswirklichkeit. Stuttgart, Berlin, Köln (Kohlhammer), 61.

[2] Vgl. Karin Deuser/Elisabeth Gläser/Daniela Köppe (1995): 90–60–90. Zwischen Schönheit und Wahn. Berlin (Zyankrise), 53; Ebba D. Drolshagen (1997): Des Körpers neue Kleider. Die Herstellung weiblicher Schönheit. Frankfurt/M. (Fischer), 180; Ursula Nuber (1997): Schöner werden wir morgen. Eine Ermunterung, so zu bleiben, wie wir sind. Bern, München, Wien (Scherz), 65f.

[3] Vgl. Naomi Wolf (1991): Der Mythos Schönheit. Reinbek bei Hamburg (Rowohlt), 259f; Drolshagen 1997 (Anm. 2), 174.

[4] Drolshagen 1997 (Anm. 2), 166; Brigitte, 10/1999, 9f.

[5] Julia Weidenbach (1998): „Exportartikel" Eßstörung. Das westliche Schlankheitsideal beeinflußt zunehmend andere Kulturen. In: Psychologie Heute, 12/1998, 9.

[6] Deuser/Gläser/Köppe 1995 (Anm. 2), 34.

[7] Vgl. Daniela Knieling (2000): Der Einfluß von Werbung und Medien auf Bulimie und Magersucht. Diplomarbeit. Leopold-Franzens-Universität Wien, 50ff; Renate Luca (1998): Medien und weibliche Identitätsbildung. Körper, Sexualität und Begehren in Selbst- und Fremdbildern junger Frauen. Frankfurt/M., New York (Campus), 41ff.

[8] Vgl. Frankfurter Rundschau, 3.5.1999, 24.

[9] Vgl. Drolshagen 1997 (Anm. 2) , 174.

[10] Deuser/Gläser/Köppe 1995 (Anm. 2), 33.

[11] Zit. in ORF Rundfunk, Ö3, „Wecker" vom 9.3.1999.

[12] Zit. in Drolshagen 1997 (Anm. 2), 69.

[13] Zit. ebenda, 153.

[14] Ebenda, 101.

[15] Vgl. Wolf 1991 (Anm. 3), 271; Nicolai Worm (1998): Diätlos glücklich. Abnehmen macht dick und krank. Genießen ist gesund. Bern, Stuttgart (Hallwag), 62.

[16] Wolf 1991 (Anm. 3), 272.

[17] Abnehmen: Mehr Schaden als Nutzen? Zur Gewichtsreduktion bei gesunden Übergewichtigen. In: arznei-telegramm 12/1999, 3.12.1999,1.

[18] APA, 4.8.2000; Kronenzeitung, 5.8.2000, 12f; Die Presse, 5.8.2000, 10; Kleine Zeitung, 5.8.2000, 12f; Kurier, 13.8.2000, 17; Profil, 21.8.2000, 96ff; News, 17.8.2000, 124ff; Die Furche, 5.10.2000, 8.

[19] Der Standard, 31.3.2000, 31.

[20] Die Presse, 12.1.2001, 12.

[21] Die Furche, 5.10.2000, 8.

[22] Kleine Zeitung, 12.1.2001, 18.

[23] Der Standard, 17.1.2001, 38.

[24] Kleine Zeitung, 9.8.2000, 22.

[25] Vgl. Österreichische Ärztezeitung, 25.6.1999, 26.

[26] Abnehmen: Mehr Schaden als Nutzen? Zur Gewichtsreduktion bei gesunden Übergewichtigen. In: arznei-telegramm 12/1999, 3. 12 1999, 1ff.

[27] Vgl. Waltraud Posch (2000): Abnehmen – mehr Schaden als Nutzen? In: Soziale Berufe, 6/2000, 5.

[28] Alain Niederer (2000): Wissenschaft contra Kommerz. Die heiklen Beziehungen der Forscher zur Pharmaindustrie. In: Neue Zürcher Zeitung, 16.8.2000, 41.

[29] Worm 1998 (Anm. 15), 97ff; Nicolai Worm (2000): Nie wieder Diät. Ihr Körper hat Besseres verdient. Bern, Stuttgart (Hallwag), 70ff.

[30] Worm 2000 (Anm. 29), 76.

[31] Vgl. Worm 1998 (Anm. 15), 234ff.

[32] Vgl. Sylvia Titze (1997): Dick & Fit. Ein zielgruppenorientiertes sportliches und psychisches Aktivierungsprogramm. In: Wolfgang Dür/Jürgen M. Pelikan (Hrsg.) (1997): Gesundheitsförderung regional. Projekte aus den österreichischen Bundesländern. Wien (Facultas Universitätsverlag), 272– 276, hier 272f.

[33] Vgl. Jatros – Medizin für die Frau, 6/1999, 35.

[34] Institut universitaire de médecine sociale et préventive, Lausanne (1994): Die Gesundheit Jugendlicher in der Schweiz. Gesamtschweizerische Studie über Gesundheit und Lebensstil 15- bis 20jähriger in der Schweiz. Lausanne (Institut universitaire de médicine sociale et préventive, Eigenverlag).

[35] Vgl. Ärztewoche, 16.8.2000, 24.

[36] Psychologie Heute, 5/1999, 14.

[37] Vgl. Berner Gesundheit, Stiftung für Gesundheitsförderung und Suchtverhalten (Hrsg.) (1998): Essstörungen. Bern (Stiftung für Gesundheitsförderung und Suchtverhalten, Eigenverlag), 3.

[38] Claudia Meier (1997): Suchtverhalten von Frauen: Hintergründe und Zusammenhänge. In: Claudia Meier/Susanne Hablützel/Susanne Ramsauer (Hrsg.) (1997): Medikamente, Männer, Marzipan. Handbuch zur frauengerechten Suchtprävention. Zürich (Seismo), 12–24, hier 13ff.

[39] Vgl. Berner Gesundheit 1998 (Anm. 37), 2.

[40] Éva Rásky (1998): Frauen- und Mädchengesundheitsbericht Graz und Steiermark. Graz (Frauenreferat der Stadt Graz, Eigenverlag), 65.

[41] Wolf 1991 (Anm. 3), 277; Worm 2000 (Anm. 29), 34f.

[42] Wolf 1991 (Anm. 3), 280f.

[43] Drolshagen 1997 (Anm. 2), 85.

[44] Tschirge/Grüber-Hrcan 1999 (Anm. 1), 101.

[45] Vgl. Drolshagen 1997 (Anm. 2), 180.

[46] Zit. in Marie Claire, 3/1993, 40.

[47] Zit. in Wolf 1991 (Anm. 3), 112.

[48] Heyn, zit. ebenda, 112.

[49] Vgl. Sylvia Groth (1997): Weiblich-leiblich. Der Kapitalismus und die Körper der Frauen. In: Alternative Universität Graz (Hrsg.) (1997): Werkstattschriften. Graz (Grün Alternativ Press), 65–66, hier 66.

[50] Germaine Greer (2000): Die ganze Frau. Körper, Geist, Liebe, Macht. München (dtv), 29f.

[51] Vgl. Drolshagen 1997 (Anm. 2), 225f.

[52] Vgl. Stiftung Verbraucherinstitut (Hrsg.) (1999): Die Kosten der Schönheit. Kosmetik: Marketing, Gesundheit und Ökologie. Berlin (Stiftung Verbraucherinstitut, Eigenverlag), 57f.

[53] Vgl. Wolf 1991 (Anm. 3), 152ff; Drolshagen 1997 (Anm. 2), 201.

[54] Zit. nach Wolf 1991 (Anm. 3), 152.

[55] Vogue 10/1993, 195ff.

[56] Nuber 1997 (Anm. 2), 83.

[57] Zit. in Regina Ammicht-Quinn (1999): Körperkult und Körperverachtung. Theologisch-ethische Überlegungen zur Kultur der Gegenwart. In: KSÖ – Nachrichten und Stellungnahmen der Katholischen Sozialakademie Österreichs, 10/1999, 4–6, hier 4.

[58] Vgl. Drolshagen 1997 (Anm. 2), 95f.

[59] Shape 4/2000, 40ff.

[60] Vgl. Greer 2000 (Anm. 50), 62f.

[61] Vgl. Drolshagen 1997 (Anm. 2), 97.

[62] Vgl. Ingrid Olbricht (2000): Die Brust – Organ und Symbol weiblicher Identität. In: Arbeitskreis Frauengesundheit in Medizin, Psychotherapie und Gesellschaft e.V. (AKF) (Hrsg.) (2000): Brust 2000. Gesundheitspolitische Ein- und Aussichten. Dokumentation der 6. Jahrestagung des AKF. Bünde (AKF, Eigenverlag), 23ff; Waltraud Posch (2000): Das Schönheitsideal der Brust. Unveröffentlichtes Manuskript zur Tagung „Lust – Brust – Frust" am 22.9.2000 in Graz; Marilyn Yalom (1998): Eine Geschichte der Brust. München, Düsseldorf (Marion von Schröder Verlag), 13ff.

[63] Waltraud Posch (1999): Körper machen Leute. Der Kult um die Schönheit. Frankfurt/M., New York (Campus), 33ff.

[64] Ammicht-Quinn 1999 (Anm. 57).

[65] Vgl. Cornelia Burgert (1997): Frauen – Körper – Normen. Weibliches Körpererleben im historischen Kontext. In: Clio, 44/1997, 4–8, hier 5.

[66] Johannes Huber (1997): Hormone für die Schönheit. Haare, Haut, Figur, Gewicht, Cellulite. München (Ariston), 1ff.

[67] Vgl. Burgert 1997 (Anm. 65), 7f.

[68] Vgl. Anja Jardine (2001): Das perfekte Kind. Wie Eltern und Genforscher Babys nach Maß erschaffen. In: Spiegel reporter, 1/2001, 24–34, hier 34.

[69] Frankfurter Allgemeine Zeitung, 26.10.1999, 17f.

[70] Lily E. Kay (2000): Ein Gedicht, keine Gebrauchsanweisung. Göttliche Sprache und irdische Interessen: Der Genom-Diskurs steht auf tönernen Füßen. In: Frankfurter Rundschau, 24.11.2000, 24.

[71] Wolf 1991 (Anm. 3), 259ff.

[72] Ebenda, 259.

[73] Ebenda, 261.

[74] Zit. in ebenda, 279.

[75] Vgl. Groth 1997 (Anm. 49), 65.

[76] Vgl. Drolshagen 1997 (Anm. 2), 80; Rásky 1998 (Anm. 40), 30; Worm 1998 (Anm. 15), 38.

[77] Drolshagen 1997 (Anm. 2), 166, 173f.

[78] Zit. ebenda, 80.

[79] Vgl. Birgit Weidt (2000): Von der Diktatur des Idealgewichts. Kalorienzählen, ständiges Wiegen und die permanente Untersagung zu schlemmen. In: Neue Zürcher Zeitung, 25./26.3.2000, 67.

[80] Ebba D. Drolshagen (1995): Wir wollen, was wir wollen sollen. Hintergründe eines paradoxen Schönheitsideals. In: Ursula Nuber (Hrsg.) (1995): Spieglein, Spieglein an der Wand. Der Schönheitskult und die Frauen. München (Heyne), 68.

[81] Deuser/Gläser/Köppe 1995 (Anm. 2), 35.

[82] Vgl. Drolshagen 1997 (Anm. 2), 221ff.

[83] Vgl. Weidenbach 1998 (Anm. 5), 9.

[84] Beauty life, April 1999, 71.

[85] Wiener, Februar 1999, 33.

[86] Neue Post, 14/1998, 26.

[87] Cheryl Benard/Edit Schlaffer (1997): Let's kill Barbie. Wie aus Mädchen tolle Frauen werden. München (Heyne), 8.

[88] Vgl. Wolf 1991 (Anm. 3), 245f.

[89] Ebenda, 244.

[90] Vgl. Judith Rodin, (1994): Die Schönheitsfalle. Was Frauen daran hindert, sich und ihren Körper zu mögen. Berlin (Knaur), 31.

[91] Vgl. Nuber 1997 (Anm. 2), 76f.

[92] Vgl. Deuser/Gläser/Köppe 1995 (Anm. 2), 44.

[93] Vgl. Weidt 2000 (Anm. 79), 67.

[94] Vgl. Worm 1998 (Anm. 15), 96.

[95] Vgl. Nuber 1997 (Anm. 2), 175f.

[96] Wolf 1991 (Anm. 3), 335.

[97] Nuber 1997 (Anm. 2), 87.

[98] Zit. in Kleine Zeitung, 13.3.1999, 34.

[99] Nuber 1997 (Anm. 2), 76f.

[100] Wiener extra: menstyle, Sommer 1999, 60.

[101] Men's Health, Mai 1999, 151ff.

[102] Worm 1998 (Anm. 15), 39.

[103] Wolf 1991 (Anm. 3), 386f.

[104] Vgl. Drolshagen 1997 (Anm. 2), 62.

[105] Nuber 1997 (Anm. 2), 74.

[106] Wolf 1991 (Anm. 3), 405f.

# Schönheitsoperation – Lösung oder Dilemma

Angelica Ensel

Schönheitschirurgie, aus medizinethnologischer Perspektive betrachtet, präsentiert sich als ein äußerst faszinierendes Phänomen. Hier spiegeln sich zum einen zentrale Aspekte eines kulturspezifischen Umgangs mit dem Körper und Bedeutungen, die seiner Darstellung und Inszenierung zugeschrieben werden. Zum anderen ist Schönheitschirurgie aber auch eine spezifisch weibliche Form der Körpergestaltung, die auf Machtverhältnisse zwischen den Geschlechtern verweist. Die Präsentation körperlicher Schönheit war und ist in unserer Kultur immer schon für Frauen wesentlich wichtiger als für Männer. Die überwiegende Zahl der Operationen wird an Frauenkörpern vorgenommen. Insofern ist Schönheitschirurgie ein Bereich weiblicher Körperformung und ein Thema der Frauengesundheit, das uns vor eine Reihe von Fragen stellt: Wie gehen Frauen heute mit ihrem Körper um? Warum lassen immer mehr Frauen Schönheitsoperationen an sich durchführen und gehen dabei beträchtliche Risiken ein? Was bedeutet die Operation für das eigene Selbstbild, welchen Platz kann sie in der weiblichen Biographie einnehmen? Und welche Bedeutung hat das Phänomen Schönheitschirurgie für die Beziehung zwischen den Geschlechtern? Die folgende Analyse lädt ein, diesen Fragen aus kulturwissenschaftlicher und frauengesundheitspolitischer Perspektive nachzugehen.

## Schönheitschirurgie als soziales und kulturelles Phänomen

Schönheitschirurgie boomt. Die Zahl der durchgeführten Operationen[1] steigt stetig, in Deutschland hat sie sich innerhalb weniger Jahre verdoppelt, bei bestimmten Operationen sogar verdreifacht. 1998 wurden in Deutschland etwa 250.000 Schönheitsoperationen durchgeführt, 1999 sollen es um die 300.000 gewesen sein.[2] Schätzungsweise 50–60 Millionen DM werden in Deutschland jährlich für Schönheitsoperationen ausgegeben.[3] Etwa 80 Prozent der Operierten sind Frauen,[4] die überwiegende Zahl der operierenden Ärzte hingegen männlich. Die KlientInnen der Schönheitschirurgie werden immer jünger.

Schönheitsoperationen sind ein beliebtes Thema in den Medien – besonders in Frauenzeitschriften und in Talkshows. In regelmäßigen Abständen und immer neuen Variationen wird hier über die neuesten Methoden, über Preise und Risiken informiert oder es berichten Menschen – meist sind es Frauen – über ihre Operationserfahrungen. Während in Presse und Fernsehen auch Privatpersonen öffentlich über ihre Erlebnisse mit der Schönheitschirurgie sprechen, wird bei uns im privaten Bereich nur sehr selten über eine vorgenommene Operation gesprochen. In anderen Ländern, zum Beispiel in den USA und besonders in Brasilien, einer Hochburg der Plastischen Chirurgie, ist das ganz anders. Viel mehr als bei uns scheint es dort völlig normal zu sein, dass Männer und besonders Frauen Schönheitsoperationen an sich vornehmen lassen, wenn sie etwas an ihrem Aussehen stört oder sie es noch perfektionieren möchten. Wer eine Operation hinter sich hat, spricht offen darüber, und auf Parties werden die Adressen von Chirurgen weitergereicht. In bestimmten Kreisen und Schichten ist eine Schönheitsoperation auch ein ganz übliches Geschenk, wie etwa die „neue Nase" zum College-Abschluss in den USA.

Diese unterschiedliche öffentliche Inszenierung des Themas verdeutlicht, wie kulturell verschieden der Umgang mit Schönheitschirurgie ist. Hier offenbaren sich Bilder und Vorstellungen vom Körper ebenso wie Vorschriften bezüglich der an ihn angelegten Disziplin. Bei uns wird die Operation vor der Öffentlichkeit geheimgehalten und nur mit sehr vertrauten Menschen besprochen. Manchmal weiß sogar der Partner oder Ehemann nichts von den Plänen seiner Frau. Hier scheint es eher als Zeichen persönlicher Schwäche zu gelten, wenn man/frau eine Operation durchführen lässt. Viel angesehener als eine Operation ist dagegen die „Arbeit" am eigenen Körper, wie etwa die Gewichtsreduktion durch Fasten oder der Aufbau von Muskeln durch Bodybuilding oder Sport.[5]

## Der ethnologische Blick auf das Phänomen Schönheitschirurgie

Aus ethnologischer Perspektive ist Schönheitschirurgie eine Form der kulturspezifischen Körpergestaltung. Das Gestalten und Formen des Körpers ist etwas ganz grundlegend Menschliches. Überall und zu allen Zeiten haben Menschen ihre Körper auf vielfältige Weise gestaltet.[6] Die Art und Weise wie dies geschieht, spiegelt unter anderem soziale Strukturen, Status, religiöse Modelle und bestimmte Werte einer Gesellschaft. Viele Körperbehandlungen sind nicht sanfter Natur, sondern mit Schmerzen, Blutvergießen und Narben verbunden. Manche geschehen freiwillig, andere werden zwangsweise oder unter sozialem Druck vorgenommen. Die Körperformungen, die wir in einer Kultur finden, haben ganz unterschiedliche Bedeutungen. Sie können mit Übergangsritualen in einen anderen sozialen Status verbunden sein oder die Zugehörigkeit zu einer bestimmten Gruppe anzeigen. Eingriffe in die körperliche Integrität können auch sanktionierende Bedeutung haben, wie das Abschneiden der Nase über Jahrhunderte in vielen Kulturen, auch in Europa. Genauso können „einschneidende Maßnahmen" eine diskriminierende Bedeutung haben, wie die Brandzeichen von Häftlingen, oder sie zeigen Status und Prestige an. Es gibt geschlechtsspezifische Eingriffe in die körperliche Integrität, wie die Beschneidung, und auch hierin spiegeln sich soziale Regeln und Hierarchien, wie zum Beispiel die Ordnung der Geschlechter. Nicht zuletzt können bestimmte Maßnahmen, wie Tätowierungen oder Piercing, als individuelle Zeichen am Körper den Übergang in einen neuen Lebensabschnitt kennzeichnen oder im Zusammenhang mit einem persönlich bedeutenden Ereignis stehen.

So bedeutungsvoll und verbreitet das Gestalten des menschlichen Körpers für alle Kulturen ist, so wichtig ist auch die Integrität, die Vollständigkeit des Körpers – sein Ganzsein und Heilsein. Es verwundert daher nicht, dass die Plastische Chirurgie, die ja die Grundlage für die heutigen schönheitschirurgischen Praktiken bildet, ein sehr altes medizinisches Handwerk ist. Das Bestreben, den verletzten oder entstellten Körper wieder herzustellen, hat eine lange Tradition,[7] denn zu vielen Zeiten wurden ins Auge springende organische Defekte als Zeichen von persönlicher Schuld, das heißt als Folge von Vergehen gegen göttliche und irdische Gesetze angesehen. So wurden Eltern von deformiert geborenen Kindern als schuldig angesehen, und die Zerstörung des Körpers infolge von Krankheit (zum Beispiel bei Syphilis) galt als gerechte Strafe Gottes. Auch Menschen, denen Deformierungen zugefügt wurden, wurden diskriminiert; ihre Verstümmelungen galten als rechtmäßige Strafe, und sie wurden verspottet. Eine Ausnahme bildeten Verunstaltungen, die durch Kriegs- und Kampfhandlungen entstanden waren und als ehrenwert galten.

Die ersten plastischen Operationen wurden nur von Menschen ausgeführt, die aufgrund eines höheren Priester- oder Richteramtes dazu befugt waren. Ursula Schmidt-Tintemann, eine plastische Chirurgin, die sich mit der Geschichte ihres Berufsstandes beschäftigt hat, führt das darauf zurück, dass in vielen Kulturen das Gesicht des Menschen in einem direkten Zusammenhang mit einer Vorstellung vom Antlitz der Götter stehe. Eine Veränderung dieses vom Schicksal auferlegten Gesichts musste daher in einen rituellen Rahmen eingebunden werden, um legitimiert zu sein.

Die vielfältigen Möglichkeiten der Körperformung und -gestaltung lassen sich in vier Kategorien einteilen. Zur ersten Gruppe gehören Maßnahmen zur Gestaltung der Körperoberfläche von außen, wie Kleidung, Frisur, Schmuck oder Bemalung. Die zweite Kategorie betrifft die Veränderung der Körperform, also Zunahme oder Reduktion des Körpergewichts durch Aktivitäten oder Diät. Hierzu gehört auch die besonders von Frauen durch Bulimie und Magersucht ausgeübte Körperkontrolle. Die dritte Stufe ist die Veränderung des Körpers durch Druck auf bestimmte Körperteile, wie etwa die Deformation des Kopfes oder des Halses nach einem bestimmten Schönheitsideal oder das Einschnüren der Taille durch ein Korsett ebenso wie das Einschnüren der Füße. Zur vierten Kategorie gehören die Gestaltungen, die „unter die Haut gehen" und damit die Integrität des Körpers verletzen, wie Tätowierungen, Narbenritzungen, Piercing in verschiedensten Formen (Ohren, Tellerlippen, Lippenpiercing) und Beschneidungen.

Schönheitsoperationen können dieser vierten Kategorie zugeordnet werden. Es sind „einschneidende" Veränderungen, das heißt Maßnahmen, die unter die Haut gehen. Auch hier werden körperliche Grenzen verletzt. Das geschieht unter anderem durch Einschnitte, Absaugungen, Säurebehandlungen, Entfernen und Hinzufügen von Gewebe oder Kunststoffen. Dabei werden von Ärzten und Patienten Risiken und Schmerzen in Kauf genommen, die sonst nur bei schwerer Krankheit oder Lebensgefahr eingegangen werden. Schönheitsoperationen werden von Ärzten an gesunden Körpern vorgenommen, ohne dass eine allgemein wahrgenommene Auffälligkeit vorliegt.

## Was ist eine Schönheitsoperation?

Der Begriff Schönheitschirurgie ist nicht eindeutig zu definieren. Es ist vielmehr entscheidend von der subjektiven Einschätzung von Ärzten und Patienten abhängig, was als Schönheitschirurgie definiert wird. Daher sind auch die Grenzen zwischen dem Gebrauch der Begriffe „Plastische Chirurgie" und „Schönheitschirurgie" (oder auch „Kosmetische Chirurgie") fließend. Was für den einen Arzt als absolute Indikation für eine notwendige plastische Operation gilt, ist für den anderen ein subjektiver Leidensfaktor und als solcher noch lange kein Operationsgrund. Da sich die Schönheitschirurgie jedoch zunehmend als medizinisches Fachgebiet etabliert, werden auch die Grenzen dessen, was als ein „normaler" Körper akzeptiert wird, immer enger.

Ich persönlich definiere Schönheitsoperationen als medizinisch nicht notwendige Eingriffe an einem normal geformten, funktionstüchtigen Körper, der keine ins Auge springenden Auffälligkeiten bzw. Deformationen aufweist. So schwierig es ist, von einem „normalen", „durchschnittlichen" oder „unauffälligem" Aussehen zu sprechen, so gehe ich doch davon aus, dass es auch in Bezug auf das menschliche Aussehen so etwas wie eine allgemeine Wahrnehmung von Normalität und Abweichung – eine Art *common sense*[8] gibt. Ich meine damit kulturell geprägte Vorstellungen über Formen und Proportionen eines „normalen" Körpers, die eine Bandbreite von Variationen zulassen.

### Schönheitschirurgie als medizinischer Markt

Als schönheitschirurgisch behandlungsbedürftig gilt der „normale", jedoch nicht richtig geformte Körper. Wir können hier beobachten, dass die Bandbreite der Variationen von „Normalität" immer enger wird. Zunehmend werden Unebenheiten und Unregelmäßigkeiten am gesunden, unbearbeiteten Körper pathologisiert. Auf diese Weise werden immer mehr Schönheitsoperationen von ÄrztInnen und PatientInnen als notwendige Eingriffe definiert. Lanciert durch Bilder von perfekten, „vorbildlichen" Körpern – die weit entfernt sind von den Formen der real existierenden männlichen und weiblichen Körper – und durch die Werbung von schönheitschirurgischen Kliniken ist hier ein medizinischer Markt entstanden, auf dem Milliardenumsätze erzielt werden.

Problematisch für die KlientInnen ist dabei u.a., dass Begriffe wie „Schönheitschirurgie" oder „Kosmetische Chirurgie" gesetzlich nicht geschützt sind. Das heißt: jeder Arzt darf Schönheitsoperationen durchführen und dies zum Beispiel durch ein Schild mit dem Hinweis „Kosmetische Operationen" an seiner Praxis kundtun. Ärzte aller Fachrichtungen, besonders Gynäkologen, HNO-Ärzte und Chirurgen führen solche Operationen durch. Es gibt zwar seit einigen Jahren die Qualifikation des „Facharztes für Plastische Chirurgie". Das bedeutet jedoch nicht, dass ein Plastischer Chirurg gleichzeitig die speziellen Techniken der Schönheitschirurgie beherrscht.

Die am häufigsten vorgenommenen Operationen sind in dieser Reihenfolge:[9] Brustkorrekturen (ab 10.000 DM[10] plus 2000 bis 4000 DM für Implantate), Lidkorrekturen: Schlupflider, Tränensäcke, etc. (ab 3000 DM), Fettabsaugungen (5000 bis 8000 DM und mehr), Nasenkorrekturen (ab 10.000 DM), Faceliftings (8000 bis 15.000 DM und mehr), Bauchdeckenstraffungen (ab 5000 DM), Ohrkorrekturen. Besonders zugenommen, das heißt zum Teil verdreifacht, haben sich in der Zeit von 1992–1997 die Zahlen bei Augenlid-Operationen, Brustvergrößerungen und Fettabsaugungen (laut »New York Times«).

Wie jede andere Operation ist eine Schönheitsoperation – je nach Schweregrad – mit einer Reihe von Risiken verbunden. Neben allgemeinen Operationsrisiken, wie den Risiken der Vollnarkose, der Gefahr von Thrombose, Embolie, Blutungen und Narbenbildungen, können bei den unterschiedlichen Operationen bleibende Schmerzen und Beschwerden entstehen. So kann es bei einer Nasenkorrektur zu Atemproblemen und Durchblutungsstörungen (Nase wird rot und blau bei Kälte) kommen, beim Facelifting können Muskelverletzungen und Lähmungen entstehen, und es kann ein maskenhaftes Aussehen zurückbleiben. Beim Fettabsaugen kann es zu Dellen und schlapper Haut kommen, bei Lidstraffungen (in seltenen Fällen) zu Sehstörungen. Einige Operationen sind nur von kurzer Dauer, wie zum Beispiel Collagen-Unterspritzungen der Lippen oder der Nasio-Labialfalten. Sie halten nur drei bis acht Monate und müssen dann wiederholt werden. Gravierende Komplikationen können bei Brustvergrößerungen entstehen. Hier kommt es bei fünf Prozent aller Operationen zu einer sogenannten Kapselfibrose, das heißt zu dickem, schmerzhaftem Narbengewebe, das gesprengt werden muss. Auch wenn keine Komplikationen entstehen, müssen die Implantate nach 15 Jahren ausgewechselt werden. Dazu kommen die Gefahren, die von der Füllung der Implantate ausgehen können. Wenn Silikon (das neben anderen Materialien immer noch verwendet wird) austritt, kann es das Immunsystem auf vielfältige Weise gefährden, und es können lebenslange Schädigungen des Organismus und schwere Beeinträchtigungen der Lebensqualität entstehen (zum Beispiel durch Rheuma). Dazu kommt bei allen Schönheitsoperationen, dass ein nicht unbeträchtlicher Teil der Patientinnen und Patienten nachoperiert werden muss, wenn es Komplikationen gibt oder das Ergebnis nicht befriedigend ausgefallen ist. Laut »New York Times« (21.6.98) sind das 10–15 Prozent der Operationen.

## Frauenspezifische Aspekte des Phänomens Schönheitschirurgie

Das Phänomen Schönheitschirurgie spiegelt nicht nur den „Mythos von der Machbarkeit" (Günther Anders)[11] und die zunehmende Pflicht, einen makellosen Körper zu präsentieren, sondern auch eine kulturell tradierte Körperordnung der Geschlechter. Dies verdeutlicht ein Blick auf die äußerst ungleichen Geschlechterverhältnisse in der schönheitschirurgischen Praxis. Auffällig ist hier zunächst ein sehr ungleiches Verhältnis der Akteurinnen und Akteure: etwa 70–80 Prozent der Operierten sind Frauen. Demgegenüber sind die überwiegende Zahl der Operierenden männliche Ärzte. Mit anderen Worten: eine stetig zunehmende Anzahl von Frauen, die sich „mangelhaft" fühlen und mittels einschneidender Maßnahmen etwas an ihrem Körper verändern lassen wollen, wünscht sich eine Neugestaltung oder Neuformung, die wiederum überwiegend von männlichen Ärzten vollzogen wird.

Was sagen diese Fakten über die Beziehung von Frauen zu ihrem Körper, über die Art und Weise, wie Frauen sich ansehen und beurteilen und schließlich auch über das Verhältnis der Geschlechter? Machen Frauen sich die neuen medizintechnologischen Möglichkeiten zu eigen, indem sie sie selbstbewusst für die Gestaltung ihres Körpers nutzen, wie es bestimmte Medien vermitteln? Oder stehen sie unter dem großen Druck, die vorhandenen Möglichkeiten nutzen zu müssen, nach dem Motto: „Das Gekonnte ist das Gesollte" (Günther Anders)? Werfen wir zunächst einmal einen Blick in eine schönheitschirurgische Praxis, auf die Begegnung zwischen Arzt und Patientin:[12]

*Die Klinik von Dr. W., eine sorgfältig restaurierte alte Villa, befindet sich in einem der besten Wohnviertel der Stadt. Hohe Räume, eine üppige Ausstattung und Marmortreppen erinnern eher an ein kleines Schloss als an ein Krankenhaus. Auch innen denkt man zunächst mehr an einen Salon als an eine medizinische Institution. Die Atmosphäre ist ruhig, vornehm gedämpft. Von der Rezeption aus geht es zum Sprechzimmer von Dr. W. und zum Wartezimmer: ein großer, heller Raum mit bequemen Sitzgelegenheiten und Blick ins Grüne. Zur Lektüre liegen Ordner aus, in denen Zeitschriftenartikel über die Klinik und ihre Operationsmethoden gesammelt sind. Die Stimmung ist verhalten; es werden keine lauten Gespräche geführt. Viele Frauen, die hier sitzen – und es sind fast nur Frauen – sind verhältnismäßig jung und attraktiv. Bei keiner kann ich eine ins Auge springende körperliche Auffälligkeit wahrnehmen. Ich kann nicht ahnen, warum sie hier sind.*

*Das Sprechzimmer von Dr. W. erinnert auf den ersten Blick nicht an eine Arztpraxis, sondern eher an ein Büro. Das Zentrum des Zimmers bildet der riesige Schreibtisch, auf dem unter anderem die stets aufnahmebereite Kamera liegt. An der Wand hängen zahlreiche Diplome, in den Regalen befinden sich medizinische Fachliteratur, Skulpturen und Körpermodelle. Bei der Beratung sitzt W. zunächst an seinem Schreibtisch, die potentielle Patientin nimmt vor ihm Platz. Sie wird von einer Assistentin hereingeführt, deren Hauptaufgabe es ist, Zeugin des Gesprächs zu sein. Dr. W. beginnt das Gespräch, indem er die Frau fragt: „Was führt Sie zu mir?" oder: „Was kann ich für Sie tun?" Nie spricht er von sich aus eventuelle Auffälligkeiten an; stets ist das subjektive Befinden der Frau im Mittelpunkt des Gesprächs. Die Frauen sprechen sofort über ihre Anliegen und oft fließen hier schon sehr persönliche Äußerungen mit ein wie: „Ich habe jetzt jahrelang hart gearbeitet, um mein Geschäft aufzubauen. Nun läuft das Unternehmen gut, aber der Stress und das ungesunde Leben stehen mir im Gesicht geschrieben. Ich möchte wieder attraktiv aussehen, so gut, wie ich mich jetzt fühle." Oder: „Ich habe 43 Jahre lang mit meiner Nase gelebt, jetzt reichts". Oder: „Ich bin jetzt 44 und möchte meine Attraktivität erhalten, ich möchte die 40er-Phase um zehn Jahre verlängern."*

*Dr. W. hört sich die Ausführungen der Frauen zunächst meist ohne Zwischenfragen an. Dann stellt er allgemeine Fragen zum Leben der Frauen, wie: „Sind Sie verheiratet? Haben Sie Kinder? Was machen Sie beruflich? Weiß Ihr Partner, dass Sie hier sind?" Dann wendet er sich dem speziellen Anliegen der Frau zu und fragt: „Was genau stört Sie?" Wenn es um Probleme im Gesicht geht, reicht W. der Frau einen Spiegel. Sie soll sich ansehen und genau sagen und zeigen, „was nicht stimmt". Den Frauen fällt das meist nicht leicht. Danach kommentiert W. die Darstellung der Frauen, indem er sagt: „Ja, das stimmt." Und er macht sie auf weitere Punkte aufmerksam. So spricht er etwa beim Wunsch nach einem Halslifting von den „Hamsterbacken", die zu bearbeiten wären. Oder er betrachtet, von den „Schlupflidern" ausgehend, Stirn und Oberlippe und stellt Veränderungsbedürftiges fest. Bei dieser Inspektion ergibt sich für die Frau dann oft ein ganz anderes Bild ihres Problems, etwa, wenn W. sagt: „Ihr Hauptproblem ist nicht ein fliehendes Kinn, sondern Ihr Speckhals."*

*Manchmal fordert Dr. W. eine Frau auch auf, mit einem Spiegel in der Hand bestimmte Bewegungen zu machen, wie zum Beispiel nach unten zu sehen und „die Speisekarte zu lesen". Dabei tritt ein Doppelkinn noch deutlicher hervor, was der Spiegel bestätigt. Auf diese Weise macht W. seinen Patientinnen deutlich, dass die Entscheidung für eine Operation als „notwendige" Konsequenz oft eine zweite Operation mit sich bringt: „Wenn Sie Ihr Gesicht liften lassen, dann dürfen Sie Ihren Hals nicht vergessen." Oder: „Wenn Sie eine andere Nase haben, wird sich Ihr Profil völlig verändern, und da sollten Sie auch etwas an Ihrem Kinn verändern lassen."*

*Wenn diese Bestandsaufnahme erfolgt ist und die Dinge „beim Namen genannt" wurden, fragt W.: „Was erwarten Sie von mir?" Jetzt soll die Frau mög-*

*lichst genau sagen und zeigen, was sie sich vorstellt. Fast immer enttäuscht W. ihre Erwartung, indem er ihr zunächst sagt, was nicht machbar ist. Daran anschließend zeigt er ihr, was er verändern könnte. Er zieht die Haut zurück und formt bestimmte Partien mit seinen Händen. Außerdem zeigt er ihr einen Ordner mit Vorher-Nachher-Fotografien von Frauen, die er operiert hat, nach dem Motto: „Ich zeige Ihnen mal, was wir hier so machen können." Nachdem W. das Protokoll geschrieben und über die Risiken gesprochen hat, stellt er noch eine Frage in den Raum, die er gleich selbst beantwortet: „Alternativen? Alternativen haben wir keine."*

Was geschieht hier – außer dem Verkauf einer medizinischen Leistung? Auffallend war für mich zunächst der Blick der Frauen auf ihren Körper. Ein zerlegender, gnadenloser Blick, in dessen Zentrum der Mangel und die von ihnen so empfundenen „Schwachstellen" stehen. Während wir im Alltag, wenn wir uns beispielsweise bei einer Freundin über Mängel unseres Aussehens beklagen, die Erfahrung machen, dass die Freundin dies entweder gar nicht so wahrnimmt oder es doch sehr relativiert, wird der Blick auf die vermeintlichen Defizite hier vom Arzt bestätigt und sogar noch verstärkt, indem er weitere Elemente der Schwäche hinzufügt. Dies geschieht durch Sprache, Blick und ganz wesentlich durch die Berührung:

*Dr. W. berührt die Frau, wenn über den „Mangel" gesprochen wird. Er schiebt die Haut zurück und zurecht, formt den Körper probeweise um: Die Brust wird nach oben geschoben, die Augenlider werden mit der Pinzette gefasst und hochgezogen, die „Fettschürze" am Bauch und die „Reithosen" werden gerafft. Manchmal muss die Frau dabei assistieren, indem sie zum Beispiel die „Fettschürze" hochhalten soll. Oft bleibt die Hand des Arztes an der Stelle des „Mangels" liegen, während er mit der Frau spricht – eine Geste des Handauflegens, aber auch des Handanlegens. Am Ende einer Konsultation, in der über ein Lifting gesprochen wurde, habe ich des öfteren folgende Szene beobachtet: W. und die Patientin stehen sich zur Verabschiedung gegenüber, er tritt einen*

*Schritt zur Seite, nimmt ihr Gesicht noch einmal in beide Hände, formt es, dreht es zum Licht und sagt: „Doch, ich kann viel aus Ihnen machen."*

### Welche Gründe haben Frauen ... ?

Aus feministischer Sicht fragen wir spätestens an dieser Stelle: Was geschieht hier? Ist es Formung oder Selbstformung, Freiwilligkeit oder Druck? Ist es männlich-ärztliche Selbstinszenierung und Machtdemonstration? Sind es männliche Schöpfungsphantasien von der Formung der Frau[13] oder ist es weibliche Zielstrebigkeit, unter allen Umständen die eigenen Wünsche zu realisieren und sich zu verändern und hierfür selbstbewusst die Möglichkeiten der Medizintechnologie in Anspruch zu nehmen? Was treibt die verschiedensten Typen von Frauen aus den unterschiedlichen sozialen Schichten – darunter viele gutaussehende selbstbewusste Frauen, mit einer guten beruflichen Position, auch Feministinnen – dazu, sich einer oder mehreren Schönheitsoperationen zu unterziehen und dabei Zeit und Geld zu opfern, Schmerzen zu erleiden und beträchtliche gesundheitliche Risiken einzugehen?

Neben der Tatsache, dass wir in einer Gesellschaft leben, die dem Jugendlichkeitswahn verfallen ist und in der Vergänglichkeit, Alter und Tod ausgegrenzt werden, ist es vor allem auch das „Berufseinstellungskriterium Schönheit", von dem die amerikanische Sozialwissenschaftlerin Naomi Wolf[14] spricht. Kurz gefasst heißt das: eine Ware, die verkauft wird – sei sie nun ein konkretes Produkt oder das Image einer Firma – ist nur so gut wie der Körper, der sie verkauft. Besonders bei der Vermarktung und im Management gelten Fett, Falten und Tränensäcke heute als nicht mehr tragbar, und die Schönheitsoperation als geschäftsfördernde Maßnahme oder als Voraussetzung für eine Weiterbeschäftigung wird immer selbstverständlicher.

Dieses „Berufseinstellungskriterium Schönheit" gilt für beide Geschlechter mit dem Unterschied, dass Frauen ihm in einem erheblich größeren Maße ausgesetzt sind als Männer. Während die Maßstäbe für den männlichen Körper in der Öffentlichkeit erst in höheren Positionen (und hier besonders in der Wirtschaft) angelegt werden, wird für Frauen in fast allen Berufen und Positionen die Präsentation eines perfekten Körpers gefordert. Es ist eine alte kulturelle Tradition, dass Frauen – egal wie kompetent sie sind – weitaus mehr als Männer über ihren Körper bewertet werden und entsprechende Vorgaben zu erfüllen haben.

So finden sich in Bezug auf Quantität und Qualität der angebotenen und gewünschten Operationen gravierende Unterschiede zwischen den Geschlechtern.[15] Von Männern wird erwartet, dass sie in angezogenem Zustand (im Anzug also) eine gute Erscheinung präsentieren. Das heißt: es geht hier in erster Linie „nur" um bestimmte Körperpartien wie Gesicht, Bauch oder Kopfhaar. Für Frauen hingegen werden Kriterien für den gesamten (nackten) Körper angelegt, die außerdem viel engere Grenzen haben.

Es sind nicht nur gesellschaftliche Erwartungen oder beruflicher Druck, die Frauen dazu bewegen, sich einer Schönheitsoperation zu unterziehen. Wenn Frauen offiziell nach den Motiven für ihre Operation gefragt werden, geben sie ganz unterschiedliche Gründe an: Sie möchten so jung aussehen, wie sie sich fühlen, sie wollen eine bestimmte Lebensphase verlängern, noch schöner aussehen, etwas verändern, was sie ihr ganzes Leben lang schon störte, etwas für sich tun usw. ...

Es besteht jedoch ein großer Unterschied zwischen den Gründen, die Frauen öffentlich äußern und den eigenen Gefühlen, die nur die guten Freundinnen kennen. Die Schönheitsoperationen, zu der sich Frauen – oft nach Jahren, manchmal Jahrzehnten des Leidens – entschlossen haben, sind nicht vergleichbar mit einem Luxus, den frau sich gönnt wie ein neues Kleidungsstück. Für viele Frauen ist die Hinwendung zur Schönheitschirurgie das Ergebnis eines langen, harten Weges der Auseinandersetzung mit dem eigenen Körper. Der Entschluss zur Operation markiert oft einen Wendepunkt in der eigenen Biographie, und die Operation selbst kann den Übergang in eine andere Lebensphase oder nur den

Wunsch nach einer gravierenden Veränderung anzeigen. Die niederländische Sozialwissenschaftlerin Kathy Davis, die mit vielen Frauen vor und nach einer Schönheitsoperation sprach – unter ihnen auch ihre eigene feministisch orientierte Freundin – spricht von dem großen Leidensdruck und der Verzweiflung der Frauen und ihrem Gefühl, sich unverstanden zu fühlen, auch unter Freundinnen: „They just don't see how you really *feel*. They judge you and don't understand that it goes much deeper."[16] Für manche Frauen ist der Entschluss zu einer Schönheitsoperation der Weg, ihr Leiden anzuerkennen und ernst zu nehmen, sagt Davis. Die Frauen mit denen sie sprach, wollten nicht noch schöner werden, sie wollten auch keine totale Veränderung ihres Körpers. Viele hassten einen Teil ihres eigenen Körpers und hatten das Gefühl, dass er nicht zum Rest gehört. Diese Frauen erlebten sich selbst als gezeichnet und anders als andere. Sie wünschten sich, dazuzugehören, nicht aufzufallen, nicht angesehen zu werden wegen ihres „Makels" oder „Mangels" (wie sie es selbst wahrnahmen). Dem Entschluss zu einer Operation sind in der Regel Jahre des Leidens vorausgegangen. Jahre, in denen Frauen oft viele andere Wege der Lösung versucht haben, wie Diät, Gymnastik oder Psychotherapie, bis am Ende die Schönheitsoperation als einzig mögliche Lösung erschien.

### Schönheitschirurgie und die Konstruktion der Biographie

Was kann eine Schönheitsoperation für die eigene Biographie bedeuten, beziehungsweise wie wird sie in der eigenen Biographie verortet? Eine Schönheitsoperation ist eine Grenzüberschreitung in doppeltem Sinn. Sie verletzt die Integrität des Körpers – der Schönheitschirurg arbeitet an und unter der Haut – und sie verändert das bisherige Körperbild. Das bedeutet: mit dem Körper wird auch die Identität – zumindest teilweise – neu geformt.

Als „einschneidende" Maßnahme, als Überschreitung einer Grenze und als Neuwerdung kann die Schönheitsoperation einen biographischen Wendepunkt anzeigen. Der Wunsch nach einer Schönheitsoperation, insbesondere nach einem Facelifting, tritt oft in Lebenssituationen auf, denen einschneidende Veränderungen vorausgegangen sind, wie etwa eine Scheidung oder der Tod des Partners. Auch wichtige bevorstehenden Änderungen, wie ein Berufswechsel, können Anstoß für den Entschluss geben. Oft steht die Entscheidung für eine Schönheitsoperation unter dem inneren Motto: „Ich werde aktiv, indem ich mich (äußerlich und innerlich) für neue Formen entscheide." Als Symbol des Übergangs in eine andere Lebensphase markiert die Operation eine biographische Grenzüberschreitung oder sie besiegelt eine bereits erfolgte Veränderung. Dabei hat die Operation die Funktion eines Übergangsrituals. Sie dient der rituellen Bewältigung einer Krise und soll den Eintritt in eine neue Phase eröffnen.

Eine Schönheitsoperation als Übergangsritual beschreibt die französische Schriftstellerin Benoîte Groult in ihrem Roman „Leben will ich". Ihre Protagonistin Louise entschließt sich zu einem Facelifting zu einem Zeitpunkt ihres Lebens, an dem sie, wie sie von sich selbst sagt, zu sich gefunden hat und ihr Leben nach ihren Vorstellungen lebt. Louise wünscht sich ein neues Gesicht, das die Befreiung vom alten Leben anzeigen soll, denn die Spuren des Alters passen nicht zu ihrem neuen Lebensgefühl. Ihre Motivation: „Ich leiste mir das, was mir guttut, und ich, die ich immer zum Verzweifeln ehrlich war, ich fange nun an, mich über den hübschen Streich zu freuen, den ich den Leuten und dem Leben spielen werde."[17]

Die einzelnen Phasen des Prozesses, von der Entscheidung über die Operation bis zu der Zeit danach, in der sie sich von den Folgen der Operation erholt, bis schließlich zum Friseurbesuch und dem Kauf neuer Kleidung, zeigen zahlreiche Parallelen zu den Phasen der traditionellen Übergangsrituale, die der Sozialwissenschaftler VanGennep[18] beschrieben hat. Sehr deutlich finden sich die Stufen von Trennungsriten (Abwerten des alten Gesichts, Beschwören/Festschreiben der Mängel vor sich selbst, Besuch und Beratung beim Schönheitschirurgen und Entscheidung zum Facelifting), Schwellen- und Umwandlungsriten (Vorbereitungen zum Eingriff, Narkose als außergewöhnlicher Bewusstseinszustand, Operation und Schmerzen) und zum Abschluss die Angliederungsriten (schrittweises Zurückkommen in den Alltag, neue Kleidung, neue Frisur) in Groults Beschreibung von Louise, die gleichsam als Initiandin in einen neuen Lebensabschnitt eintritt. Das Übergangsritual verändert den Status der Initianden. Welche Bedeutung der Schönheitsoperation als Initiation in eine neue Lebensphase zugeschrieben wird, zeigt sich auch an der Darstellung von Louises Entwicklung. Nachdem alles überstanden ist, entschließt sie sich zu einer neuen Arbeit. Sie will „endlich ihren Traum verwirklichen" und als freiberufliche Schriftstellerin arbeiten – ein „Lifting für meine Schreibe", wie sie es nennt.[19]

Im Gegensatz zu den traditionellen Übergangsritualen, die fortschreitende, reifere Stufen von einer Lebensphase in eine andere, und damit auch in Richtung eines höheren Lebensalters markieren, ist die Schönheitsoperation ein Übergangsritual in umgekehrter Richtung. Hier dürfen die Spuren des Alters, die körperlichen Zeichen der Reife, die in traditionellen Gesellschaften auch Zeichen der Würde sind, nicht gezeigt werden. Auch darf das Ritual keine Spuren hinterlassen. Die Narben als Zeichen des Übergangs, auf die die traditionellen Initianden stolz sind, müssen verborgen bleiben. Entsprechend findet das Ritual der Schönheitschirurgie nicht im öffentlichen Raum beziehungsweise mit dem Wissen der Gemeinschaft, sondern heimlich statt – in der Klinik, einem Ort allerdings, an dem in unserer Kultur die wesentlichen Übergänge im menschlichen Leben stattfinden.

## Lösung oder Dilemma?

An Louises Geschichte wird deutlich, welcher bedeutende, auch symbolische Wert einer Schönheitsoperation innerhalb der eigenen Biographie zugeschrieben werden kann, wieviele Hoffnungen auf einen neuen schöneren Lebensabschnitt – oft auch unbewusst und uneingestanden – mit einer Schönheitsoperation verbunden werden. Louises selbstbewusster Umgang mit der Schönheitschirurgie zeigt jedoch nur einen Ausschnitt weiblicher Gefühle, denn bei aller Kritik an sich selbst ist Louises Handeln in erster Linie nicht durch Leiden bestimmt – im Gegensatz zu den Motiven der Frauen aus der Studie von Kathy Davis.

Die Entscheidung zur Schönheitsoperation kann für den individuellen Lebensweg einer Frau als „einschneidende" und identitätsstiftende Maßnahme durchaus ein kraftvoller Akt sein, der ihr Leben verändert. In vielen Fällen wird die Operation jedoch nicht zu einem Akt der Befreiung. Die operierten Frauen begeben sich in große Abhängigkeit, gehen teilweise beträchtliche Risiken ein; sie können ihren Körper dabei schädigen, seine Funktionen beeinträchtigen und leiden oft unter lebenslangen Nebenwirkungen. Der Blick der Frauen auf ihren Körper bleibt weiterhin auf die „Mängel" fixiert, was wiederum Energien für andere, das eigene Leben verändernde Aktivitäten behindert. Und oft ist die erste grenzenüberschreitende Operation nicht die Lösung, sondern der Anfang einer Reihe von weiteren Operationen, weil eine grundsätzliche Unzufriedenheit nun auf einen anderen Teil des Körpers projiziert wird. Insofern ist Schönheitschirurgie meist nicht die Lösung, sondern ein Weg, bei dem Frauen weiterhin den engen Normen verhaftet bleiben, die seit Jahrhunderten an ihren Körper angelegt werden.

Und dennoch ist es verständlich, dass viele Frauen diesen Weg der Veränderung wünschen und wählen. Den Körper so anzunehmen wie er ist, ist einfacher gesagt als getan, und nicht allen Frauen gelingt es, sich mit dem eigenen Aussehen und den Spuren des Lebens an ihrem Körper zu versöhnen. Unter den spezifischen biographischen Umständen erscheint die Entscheidung zur Operation, so Davis, als eine verstehbare und unvermeidbare Handlung, wobei die grundsätzliche Haltung zu Schönheitschirurgie bei der einzelnen Frau höchst ambivalent sei. So konfrontiert das Phänomen Schönheitschirurgie mit einer Reihe von Widersprüchen. Aus feministischer und frauengesundheitspolitischer Sicht sind Schönheitsoperationen politisch nicht korrekt. Hier wird der Anspruch erhoben, dass Frauen sich selbstbewusst dem Schönheitswahn entgegenstellen, ihren Körper so annehmen wie er ist und sich gegen begrenzende Normen und Zwänge verwehren. Ein besonders beeindruckendes Beispiel ist hier die Künstlerin und Ex-Fotomodell Matuschka. Sie erkrankte 1991 an Brustkrebs, lehnte aber eine Brustrekonstruktion durch ein Silikonimplantat ab und schockierte die Öffentlichkeit, indem sie sich brustamputiert auf dem Titelfoto des »New York Times Magazine« zeigte.

Von feministischem Standpunkt aus präsentiert sich Schönheitschirurgie als eine weitere Stufe der Unterdrückung von Frauen in einer jahrhundertelangen Tradition, in der der Körper der Frau von Männern geformt wurde. Hier manifestieren sich auf einer neuen technologischen Ebene alte männliche Schöpfungsphantasien von der Erschaffung der Frau. Gleichzeitig konfrontiert das Phänomen mit dem Leiden der Frauen an ihrem Körper und ihren Wünschen nach Veränderung. Frauen nutzen hier medizinische Möglichkeiten für ihre Bedürfnisse, genauso wie sie sich ein Kind mittels Invitro-Fertilisation erzeugen lassen, wenn es anders nicht möglich ist, und ebenso dafür bereit sind, eine Reihe langwieriger, schmerzlicher und demütigender Behandlungen auf sich zu nehmen, ohne überhaupt zu wissen, wie erfolgreich die Maßnahmen sein werden.

Das Erkennen und Analysieren der vielfältigen Ebenen und Facetten des Phänomens Schönheitschirurgie halte ich, auch aus feministischer Sicht, für unabdingbar notwendig. Ebenso wie Kathy Davis meine ich heute aber auch, dass wir frauenpolitisch nicht weiterkommen, wenn wir uns – in Bezug auf die Bewertung der Schönheitsoperation von Frauen – auf einen politisch korrekten Standpunkt zurückziehen, denn damit grenzen wir viele wichtige Aspekte des Problems aus. Es sind die Widersprüche, Brüche und Ambivalenzen im Phänomen Schönheitschirurgie, die uns (auch ganz persönlich) herausfordern. Manchmal sind sie schwer auszuhalten – wenn es zum Beispiel unsere eigenen feministisch denkenden Freundinnen betrifft. Doch wir werden der Problematik nur gerecht, wenn wir sie in ihrer Tiefe verstehen und erforschen. Das heißt, wenn wir, wie Kathy Davis, Schönheitschirurgie als Dilemma verstehen und ihr Janusgesicht von Widerstand und Compliance anerkennen. Nur wenn wir die Widersprüche und Ambivalenzen in uns selbst wiedererkennen, werden wir, so denke ich, dem Schönheitswahn unsere eigenen schöpferischen Energien, unser Tätigsein und unsere Freude am Körper entgegensetzen können, was uns vielleicht ermöglicht, uns ohne Schönheitsoperation an uns zu erfreuen.

[1] Da der Begriff „Schönheitsoperation" medizinisch nicht definiert ist, werden diese Operationen statistisch nicht erfasst. Daher lässt sich auch die Zahl der durchgeführten Eingriffe nur schätzen bzw. anhand anderer Parameter ableiten wie etwa der Zahl der plastisch-chirurgisch behandelten PatientInnen. Hier konnte bereits für die Zeit zwischen 1985 bis 1990 ein Anstieg der Operationen um mehr als 50 Prozent verzeichnet werden (Erhebung 1990 zur Situation der Plastischen Chirurgie in Deutschland).

[2] Siehe TAZ, 5.6.99.

[3] Siehe Petra, 1.6.99.

[4] Siehe Bunte, 4.12.97.

[5] Aber auch hier ist eine Entwicklung festzustellen. Nach wie vor ist die geleistete „Arbeit" am eigenen Körper ein wichtiges Statussymbol. Andererseits wird die Schönheitsoperation für die „Schwachstellen", die nicht durch Training oder Disziplin zu verändern sind, immer akzeptabler ebenso wie das Outen der Betroffenen.

[6] Airline & John Liggett (1990): Die Tyrannei der Schönheit. München (Heyne).

[7] Ursula Schmidt-Tintemann (1972): Zur Lage der Plastischen Chirurgie. Berlin, Heidelberg, New York (Springer).

[8] Clifford Geertz (1987): Dichte Beschreibung. Beiträge zum Verstehen kultureller Systeme. Frankfurt/M. (Suhrkamp).

[9] Nach Angaben der Deutschen Gesellschaft für Ästhetisch-Plastische Chirurgie, Karlsruhe.

[10] Quellen für alle Kosten TAZ, 5.6.99 und Bild, 25.2.99.

[11] Günther Anders (1988): Die Antiquiertheit des Menschen. Bände 1 und 2, München (Beck).

[12] Im Folgenden zitiere ich aus den Notizen meiner Feldforschung in schönheitschirurgischen Praxen und Kliniken.

[13] Angelica Ensel (1996): Nach seinem Bilde. Schönheitschirurgie und Schöpfungsphantasien in der westlichen Medizin. Bern (eFeF-Verlag).

[14] Naomi Wolf (1991): Der Mythos Schönheit. Reinbek bei Hamburg (Rowohlt).

[15] Ein Blick in die Medien zeigt: Auch an die Präsentation des männlichen Körpers werden zunehmend mehr Erwartungen gerichtet. Umfassende Körperpflege, Arbeit am Körper (Fitness, Bodybuilding) und auch „einschneidende Maßnahmen" werden verstärkt für Männer propagiert. Dennoch sind die Maßstäbe, die an die Erscheinung des weiblichen Körpers angelegt werden – und die Frauen an sich selbst anlegen – ungleich strenger und detaillierter.

[16] Kathy Davis (1995): Reshaping the Female Body. The Dilemma of Cosmetic Surgery. New York (Routledge), 87.

[17] Benoîte Groult (1984): Leben will ich. München (Droemer Knaur), 419.

[18] Arnold VanGennep (1986): Übergangsriten (Les rites de passage). Frankfurt/M., New York (Campus).

[19] Vgl. Groult 1984 (Anm. 17), 433.

# »Sur la robe elle a un corps ...«

## oder: Die Fiktionalität der modischen Körper

Gertrud Lehnert

„(...) la Mode est l'un des meilleurs lieux où l'on croit pouvoir lire l'esprit de la modernité, ses expériences plastiques, érotiques, oniriques."[1]

### I.

„Sur la robe elle a un corps" / „Auf dem Kleid hat sie einen Körper" – so heißt ein Gedicht von Blaise Cendrars, in dem er 1914 eines der ersten simultanen Kleider von Sonia Delaunay evoziert.[2] Das Kleid ist nicht erhalten, aber man kann sich vorstellen, wie es ausgesehen hat: wie Körperteile (Busen, Bauch), die auf ein Kleid gedruckt sind – oder wie ein Kleid, das auf den Körper gemalt ist?

Die überraschende Umkehrung des Gewohnten – denn tragen wir nicht normalerweise ein Kleid auf dem Körper? – charakterisiert ein eminent modernes künstlerisches Verfahren, das das Gedicht sprachlich und Sonia Delaunays Kleid mit visuellen Mitteln realisiert: das Überschreiten der Grenzen zwischen Innen und Außen, Belebtem und Unbelebtem, Vorher und Nachher. Eine Gleichzeitigkeit der Eindrücke für die BetrachterInnen wird erzeugt, wie sie für den „Simultanismus", den Sonia Delaunay in der Malerei entwickelt hat, typisch ist. Damit werden die Grenzen – die zeitlichen und die räumlichen, in denen wir zu denken und wahrzunehmen gelernt haben und die wir vorreflexiv für selbstverständlich, für „natürlich" halten – grundsätzlich in Frage gestellt.

Die Umkehrung des Vertrauten (der Körper auf dem Kleid statt des Kleides auf dem Körper, der Körper als Verhüllung – oder Enthüllung? – des Kleides) verweist gleichzeitig auf ein wesentliches Merkmal der Mode, auf ihre grundsätzliche Ambivalenz. Mode, so meinen wir oft, drücke den Menschen und seinen Körper aus. Tatsächlich kreiert sie aber auch und vor allem überhaupt erst Körper: fiktionale modische Körper, die den anatomischen Körper verändern, verdecken, prothetisch in den Raum erweitern oder umgekehrt auf ein flächiges Ornament reduzieren – aber doch immer auf ihn angewiesen sind. Denn erst das Zusammenspiel von dreidimensionalem, beweglichem Körper und ursprünglich lebloser, manipulierbarer Materie macht die Mode lebendig und zur Mode. Auf dem Bügel oder im Regal ist kein Kleidungsstück interessant. Es muss getragen, durch Körper und im Raum inszeniert werden, damit es sein performatives Potential entfalten kann.

Das prekäre Verhältnis von Körper und Kleid interessiert mich im Folgenden; die Austauschbarkeit von Belebtem und Unbelebtem, Darüber und Darunter einerseits, andererseits die Räumlichkeit der Mode, ihr Wechselspiel zwischen Dreidimensionalität und Flächigkeit, wie es für das 20. Jahrhundert charakteristisch ist.

II.

Mode, ganz gleich in welcher Ausprägung, bedeutet immer eine Ästhetisierung unserer Lebenswelt. Man greift zu kurz, wenn man sie als überflüssiges Konsumprodukt be- und verurteilt, als reine Oberflächlichkeit, mit der ernsthafte Menschen sich nicht befassen. Ebenso einseitig ist die nur soziologische Betrachtung der Mode. Zweifellos dient die Mode der sozialen Einordnung und Abgrenzung, wie Georg Simmel 1911 sehr präzise ausgeführt hat: Sie erlaube es Menschen, ihre Zugehörigkeit zu einer sozialen Gruppierung zu demonstrieren, und der Gruppe, sich von anderen Gruppen abzugrenzen. Sie ermögliche es gleichzeitig den Individuen, sich innerhalb der Gruppe zu unterscheiden. Aber das ist nur eine Möglichkeit, Mode zu „lesen“. Denn die Mode hat auch eine Dimension, die mit soziologischen, ökonomischen oder moralischen Kategorien nicht zu fassen ist; sie hat das, was ich einen „ästhetischen Überschuss" nenne: Lust am Schönen, am Bizarren, am Überraschenden, die Lust am Experimentieren ohne festgelegten Ausgang und festes Ziel. Das ist ihr spielerischer Aspekt. „Spiel" ist dabei nicht als Gegensatz zum Ernst zu verstehen, sondern es ist oft genug selber ernst; Spiel ist kein Außerhalb, kein vom Alltag abgesonderter Bereich, sondern vielfältig in den Alltag verwoben.[3] Spiel ist Vollzug und Praxis; es ist der Ort, an dem ausprobiert wird, an dem Neues entstehen kann. Auf dieser Prämisse kann Mode verstanden werden als eines der wesentlichen Medien unserer kreativen Weltaneignung, Weltwahrnehmung und Weltgestaltung. Mit Hilfe der Mode situieren wir uns einerseits sozial, als Individuen in einer Gemeinschaft, aber auch räumlich als Formen im Raum.[4] Die Mode prägt unsere Wahrnehmung der menschlichen Körper, wie die Kunsthistorikerin Anne Hollander am Beispiel der bildenden Kunst seit der Antike nachgewiesen hat; wenn ausladende Moden modern sind, werden nackte Körper üppig dargestellt; wenn die Mode die weiblichen Brüste flachpresst, haben weibliche Akte winzige Brüste, und so weiter. Hollander schließt: „Clothes should be seen not primarily as cultural by-products or personal expressions but as connected links in a creative tradition of image-making."[5]

Aus dem bisher Gesagten ergibt sich mein Verständnis von Mode bzw. mein Gebrauch des Begriffs Mode: Ich meine damit: 1. Kleider, die nicht in ihrer Funktionalität aufgehen, sondern einen ästhetischen Überschuss haben; 2. unseren Umgang mit Kleidern; und 3. eine Institution, die Kleider als Mode produziert und in Umlauf bringt, d.h. mit anderen Worten: sie zur Mode ernennt.

III.

Wenn man die Geschlechtsspezifik der Mode während der letzten Jahrhunderte ins Auge fasst, dann wird deutlich, dass sie nicht nur eine soziale, sondern eine außerordentlich räumliche Dimension hat. Während die Frauenmode bis ins 20.

Jahrhundert hinein auf durchaus wechselnde Weise doch konsequent ausladend ist, zeichnet sich bei der Männermode schon früh eine Tendenz ab, die man als Tendenz zum Funktionalen bezeichnen könnte. Zwar ist auch die Männermode bis ins 18. Jahrhundert hinein prunkvoll und reich dekoriert, aber das betrifft bereits im 18. Jahrhundert immer ausschließlicher die höfische Mode. Die bürgerliche Mode war schon vor der französischen Revolution schlichter, strenger und puritanischer. Die zunehmende formale Reduktion des Schnitts jedoch ist beiden Ausprägungen gemeinsam: Zur Standardsilhouette der Männerkleidung entwikkelt sich die Kombination von Hose (sei es Kniebundhose, sei es die lange Hose) mit Weste, Hemd und langem Jackett; die Formen und Oberflächen sind im 17. Jahrhundert noch ausgesprochen reich und bewegt, werden aber im Laufe des 18. Jahrhunderts immer schlichter, bis der Schnitt in seiner Machart unverhüllt sichtbar wird und im 19. Jahrhundert schließlich in den seither verbindlichen Männeranzug mündet. Der verändert sich zwar regelmäßig in Details der Schnittführung und der Silhouette, bleibt aber in seiner Grundform gleich: ein Rumpf, zwei Arme, zwei Beine. Der Männeranzug kann als tendenziell zweidimensional gelten; es genügt, ihn von vorn oder von hinten zu sehen, denn seine Seitenansicht ist prinzipiell uninteressant. Er entfaltet sich nicht in den dreidimensionalen Raum, sondern als Frontalansicht. Anne Hollander lokalisiert hier den Beginn der Modernität der Mode, die erstmals ihre eigene Konstruktion offenlege, ähnlich dem modernen Design: „This ideal offers a complete envelope for the body that is nevertheless made in separate, layered, detached pieces. Arms, legs and trunk are visibly indicated but not tightly fitted, so that large movements of the trunk or limbs don't put awkward strain on seams or fastenings, and the lumps and bumps of the individual body's surface are harmoniously glossed over, never emphatically modelled."[6]

Ob der Anzug indessen wirklich körpernäher ist als die Frauenmode, kann bezweifelt werden, denn auch der Männeranzug ist ein fiktionales Gebilde, das vom Körper kaum mehr zeigt als Frauenkleider.[7] Es scheint nur so, weil die künstlichen Polsterungen und die Schnittformen genau die klaren kantigen Umrisse ergeben, die für unsere Augen körpernäher scheinen: entwerfen und suggerieren sie doch ein Idealbild des männlichen Körpers, das mehr mit der griechischen Bildhauerkunst zu tun hat als mit den unterschiedlichen realen Männerkörpern des 19. oder 20. Jahrhunderts – die wir aber wiederum so zu sehen geneigt sind, weil wir sie am Idealmaß messen. Und dieses Idealmaß orientiert sich an sozialen Männerrollen: an Beweglichkeit und Bewegungsfreiheit, an Kraft und Dominanz. Diese werden in ein ästhetisches Urteil übersetzt und als „schön" deklariert; die scheinbar am Anfang stehende Funktionalität ist nur eine angenehme Begleiterscheinung dieses sozialen und ästhetischen Ursachengeflechts.

Auch Frauenkörper messen wir keineswegs an einer wie auch immer gearteten Realität weiblicher Körper, sondern an einem modisch geprägten Idealbild, nur dass dieses bis ins 20. Jahrhundert völlig andere Formen als die männlichen hat. Frauen sollen bis ins frühe 20. Jahrhundert hinein weder ausschreiten noch reiten noch jagen oder kämpfen (bzw. nicht einmal an solche Tätigkeiten denken lassen): Sie tragen lange weite Röcke, die ihre Beine nicht sehen lassen; Röcke, die sich immer im Raum ausdehnen, sei es in alle drei Richtungen, sei es bevorzugt in eine, indem etwa das Hinterteil betont wird oder die Hüften. Das Oberteil ist meist zierlich geformt, mal mit, mal ohne Busen, meist mit schmalen abfallenden Schultern (die heute noch die Konfektionsmode dominieren), mit unterschiedlich betonten Armen. Rüschen und Spitzen, viele Stoffschichten, mehrere Unterröcke, Röcke formen diesen fiktionalen modischen Körper, der immer üppig und raumeinnehmend und gleichzeitig paradoxerweise zierlich und zart ist. Denn er besteht aus zwei oder mehreren Einzelheiten; es ist ein fragmentierter Körper, der sich dem fetischistischen Blick darbietet, der immer nur Teile als erotische erkennen kann. Unter den sichtbaren Materialmengen tragen unsichtbare Gerüste: Krinolinen oder Tournüren, Bustiers und Korsetts zur Idealform des weiblichen Körpers bei, den sie zugleich unsichtbar domestizieren und sogar züchtigen. Will der voyeuristische Beobachter oder der begehrende Liebhaber

1 Allgemeine Moden-Zeitung, No 17, 1837, Modekupfer, koloriert

tatsächlich den nackten Körper oder nicht eher diese Züchtigungsinstrumente sehen, wenn er die Frau mit den Augen oder realiter auszieht? Das bleibt unklar. Er kann jedenfalls um sie herumgehen und bekommt auf jeder Seite etwas Aufregendes zu sehen, er kann sich durch Schichten hindurchwühlen und kommt doch nie ans Ende, er ist mit einem Objekt im Raum konfrontiert, das sein Geheimnis möglichst lange wahrt. Sie ihrerseits kann sich in ihrer Kleidung entweder zur Schau stellen oder sich im Gegenteil darin verstecken; das hängt ganz davon ab, wie sie die formende und umhüllende Kleidung interpretiert und benutzt: als Fiktion eines Körpers, der sie nicht ist, oder als Ausdruck des Körpers, der sie ist.

Mit der ausgeprägten Dreidimensionalität und Fiktionalität ihrer Moden erscheinen Frauen jedenfalls in den letzten Jahrhunderten der Modegeschichte als statische Raumfiguren, während die Männermode auf Linie und Bewegung abzielt. Frauen füllen den Raum, Männer gliedern und strukturieren ihn, indem sie sich durch ihn hindurchbewegen.

Eine bedeutende Analyse der Frauenmode aus männlicher Perspektive bietet Charles Baudelaires „Peintre de la vie moderne"[8] von 1863, der zu den zentralen Texten der ästhetischen Moderne zählt. Männern sind im „Peintre de la vie moderne" unterschiedliche Kapitel gewidmet, in denen sie verschiedenen sozialen und Berufsklassen zugeordnet werden. Über Frauen gibt es die geschlechtsbezeichnenden Kapitel „La femme", „Filles et femmes" und schließlich „Le maquillage". Zwar wird innerhalb dieser Kapitel zwischen Frauentypen von der Kurtisane bis zur Gesellschaftsdame differenziert, aber zunächst einmal erscheinen Frauen als Geschlechtswesen, die sich nur mit Hilfe der Mode und der Kosmetik über den verachteten Naturzustand erheben können. Männer hingegen sind Kulturwesen. Zwar verwenden auch sie Mode, um ihr Selbst zu konstituieren und ihren Körper gemäß ihrem eigenen Schönheitsideal zu modeln, aber sie tun das autonom und aus freiem Willen – typisches Beispiel: der Dandy. Die Frau aber hat die *„Pflicht"*, „à paraître magique et surnaturelle; il faut qu'elle étonne, qu'elle charme; idole, elle doit se dorer pour être adorée."[9] Das heißt: Sie muss sich selbst – den Erwartungen des Mannes gemäß – zum lebenden Kunstwerk stilisieren; erst durch die Verschmelzung mit ihrer Kleidung und ihrem Maquillage vermag das „animal" Frau zur „divinité" für den Mann zu werden: Er sucht als kulturelles Wesen ja nicht Natur (die er verachtet), sondern Kunst und Künstlichkeit. So schafft er sich die Frau als Objekt und zugleich Verkörperung seines Begehrens. Nur als künstlich geschaffene Projektionsfläche, als lebende Statue, existiert sie überhaupt; ihre eigene Aktivität ist darauf beschränkt, die (tote) Kleidung, mit der sie eins wird, zu der sie wird, zum Leben zu erwecken – und im Gegenzug selber zur leblosen Statue zu werden.[10] Ihr nackter Körper – oder besser: die Frau als nackter Körper – ist in diesem Konzept gänzlich irrelevant, kommt nicht vor.[11]

2 Costumes pour un ensemble, Costumes Parisiens, 1913, Modekupfer, koloriert

## IV.

Im frühen 20. Jahrhundert geraten die Dinge in Bewegung. Die avantgardistisch inspirierte Damenmode zu Beginn des 20. Jahrhunderts und schließlich die Frauenmode des 20. Jahrhunderts insgesamt verzichten zunehmend auf die räumliche Wirkung und ziehen stattdessen die Wirkung von Zweidimensionalität vor; sie orientieren sich zunehmend an der Männermode. (Abb. 2) Die Korsetts verschwinden ebenso wie die Krinolinen oder Rosshaarpolster. Die Schnitte werden gerade und kantig, die Kleider wirken durch ihre Konstruktion, d.h. ihren Schnitt, statt wie bislang durch die Üppigkeit der Dekoration von Bauschungen, Raffungen, Rüschen, die diese Konstruktion gerade versteckt und verhüllt hat. Die Oberflächendekoration verschwindet zwar nicht ganz, aber sie entwickelt sich ins Flächige, Montagenhafte; sie wirkt nun eher wie ein Bild, das auf das Kleid gemalt oder appliziert ist. Die neuen Materialien sind zart und fließend: Jersey, Strickstoffe, feine Seiden, Tüll; anders als die Kleider bis zur Belle Epoque hat keines der neuen Kleider von selbst Halt; die Stoffe sind viel zu weich, zu zart, zu netzartig, als dass das auch nur vorstellbar wäre. In der Mode tauchen, ebenso wie in der Malerei des Kubismus, Montage und Collage als strukturierende Prinzipien auf.[12] Oberflächen werden wichtiger als Tiefe, die als obsolet zu gelten beginnt. Die Formen werden desintegriert; die Verlässlichkeit der festen Perspektive, die die Wahrnehmung seit der Erfindung der Zentralperspektive in der Renaissance strukturiert hatte, wird aufgegeben.

Der Kubismus in Malerei und Bildhauerei ist nur ein Konzept unter mehreren anderen, die die Fläche und eine völlig neue Perspektivik favorisieren, und die bildende Kunst ist wiederum nur ein Medium unter anderen, in denen sich dieser Wandel von der Dreidimensionalität in die Zweidimensionalität, von der Zentralperspektive zur „Montage verschiedener Blickrichtungen"[13], von der Plastizität zur Flächigkeit vollzog. Das prägnanteste Beispiel für den Medienwandel ist zweifellos das neueste Medium der Jahrhundertwende, der Film, der von zweidimensionalen Schatten lebt.

Dieser Paradigmenwechsel manifestiert sich natürlich nicht nur in den Künsten, sondern auch im Sozialen und Politischen und natürlich in den Wissenschaften und in der Technik. Raum wird zu einer Ansammlung von Punkten, zwischen denen man sich zielstrebig hin- und herbewegt.[14] Vertikale und horizontale Linien oder aber Flächen sind in diesem Raum sichtbar, aber nicht mehr seine Tiefe. Fast zwangsläufig werden auch die Körper in diesem Raum zweidimensional; sie sind nicht mehr einer zentralen Perspektive eingeordnet und auf sie hin funktionalisiert, sondern sie befinden sich immer auf irgendeinem Punkt in einem potentiell unendlichen Raum, einem Punkt, der stets als zu verlassender erscheint: Es sind eher Zeitlinien, an denen entlang wir denken und wahrnehmen und uns bewegen, als Räume im umfassenden Sinne.[15]

V.

Diese Tendenz lässt sich besonders gut an den Moden der Sonia Delaunay aufzeigen.[16] Die Modeentwürfe Sonia Delaunays zeigen die völlig verflachte Wirkung einer Musterung, die direkt von der konstruktivistischen Malerei in das Modedesign übergegangen ist. Die nach ihren Zeichnungen realisierten Kleider besitzen nicht eine einzige räumliche Dimension mehr als die Modeskizze auf dem Papier; sie erschöpfen sich in der Vorder- oder Rückenansicht und gewinnen nichts hinzu, wenn sie von einem sich bewegenden und sich drehenden, alle Seiten zeigenden Menschen getragen werden.

Sonia Delaunay hat als Malerin begonnen; sie setzt ihre Kunst dann eines Tages um in sogenanntes Kunsthandwerk, in Mode; sie entwirft Kleider, „simultane" Kleider, die genau das realisieren, was sie auch mit ihrer simultanen Malerei auszudrücken versucht. Und schließlich inkorporiert sie ihren Kleidern die gesprochene Sprache, die Poesie, und scheint damit auf ein „Gesamtkunstwerk" hinzuarbeiten.[17] Indirekt setzt sie fort, was Baudelaire über 50 Jahre früher im „Peintre de la vie moderne" proklamiert hat: Dass Mode Kunst

3 Sonia Delauney, Cette éternelle femme, 1922, Gouache

sei, wie alle anderen Kunstformen Emanation eines Geistes, der sich über die „Natur" erhebe, ja letztlich auf die „Natur" selbst zurückwirke.

In Delaunays Mode-Entwurf „Cette éternelle femme" von 1922 fällt das Spiel mit dem zu einem Wort geronnenen Klischee auf: Die Frau – oder die Mode-Puppe –, die das Kleid trägt, trägt damit zugleich eine Zuschreibung: „éternelle femme": das ewig Weibliche. Der Zeichencharakter der Mode wird auf die Spitze getrieben, aber unter Zuhilfenahme eines anderen Mediums, der Sprache, die deutlicher, eindeutiger zu sein vorgibt als das Bild/das Kleid. Die Frau – die Figur – wird zur Sklavin der Sprache; der Benennung, der Etikettierung: Sie muss in Positur stehen, sich selbst inszenieren, um das Kleid samt seiner Aufschrift voll zur Geltung zu bringen. Die Aufschrift ist aber verstümmelt – vielleicht geht sie auf der den BetrachterInnen abgewandten Seite weiter. Tatsächlich aber kann es in einer zweidimensionalen Zeichnung kein „Dahinter" geben. Hier wird ein Spiel mit dem Erwartungshorizont der BetrachterIn gespielt, die ergänzt und vervollkommnet, was doch nur in der performativen Unvollständigkeit seinen Sinn hat. Damit die Aufschrift aber wenigstens in ihrer fragmentarischen Form entziffert werden kann, muss der Körper durch seine Pose zum aktiven Bestandteil der Botschaft, zum Konstituenten dieses Images werden. Und mehr noch: Die fehlenden Buchstaben in der Aufschrift werden – so könnte man das Bild lesen – durch Körperteile ersetzt. Das „L" wird durch die Beugung des Arms gebildet, das „E" am Ende der „FEMME" durch die Hand der Figurine/der Frau. Damit wird eine Austauschbarkeit von Körper und Kleid signalisiert, die aber in ein und demselben Zirkel gefangen bleiben. Dem Körper wird eingeschrieben, was er scheinbar ist; wohl eher aber doch, was er sein soll – „femme", und auch noch „éternelle". Das ist ein ironisches Spiel mit Weiblichkeitsklischees: Das „ewig Weibliche" wird immer wieder erneut konstituiert als ein Bild, dem je nach Mode Unterschiedliches eingeschrieben werden kann. Weit entfernt davon, etwas wie auch immer geartetes „authentisch Weibliches" zu sein, ist es tatsächlich nur eine Modeskizze, ein modisch aufgeputzter Entwurf in je wechselnder Gestalt, trotz oder gerade wegen des Attributs „ewig". Zugleich vervollkommnet der Körper die Inschrift, wird er Teil der Inschrift, wird er selbst die Inschrift. Damit wird aber der scheinbar lebendige Körper zu etwas eigentümlich Leblosem, gerade auch wegen der spezifischen Aufschrift: „Cette éternelle femme". Die Austauschbarkeit von lebendigem Körper und leblosem Kleid wird vorgeführt. Und zugleich ist eine Verschmelzung der Kunstformen – von Mode und Text – erreicht.

## VI.

In der Mode des 20. Jahrhunderts herrscht die Tendenz zur zweidimensionalen Flächigkeit vor. Das lässt sich u.a. an den neuen Weiblichkeitsbildern ablesen, die heute en vogue sind: möglichst jung, möglichst mager, selbstverständlich unbehaart und gänzlich glatt. Da werden die Körper selbst zu Moden, denn diese Körper, die auf Modefotografien und in Modenschauen als Idealbilder präsentiert werden, können selbst in ihrer Nacktheit nicht mehr als „natürlich" bezeichnet werden: sie wirken fast so fiktional wie die Kleider, die sie üblicherweise tragen, mit ebenso viel äußerem Aufwand als Bild und reine Oberfläche hergestellt und als Mode vermarktet. Die Schluss-Szene von Robert Altmans Film »Prêt-à-porter« verdeutlicht das aufs Schönste: die Models kommen allesamt nackt auf den Laufsteg, und was wir sehen, sind keine Individuen, sondern einander sehr ähnliche dünne, haarlose Körper. Um die kunsthistorische Terminologie aufzunehmen: was hier gezeigt wird, ist nicht Nacktheit, sondern sind Akte; deren Nacktheit ist ebenso eine Form der Maskerade wie sonst die Kleidung. Die Unterscheidung Kleid–Körper, bekleidet–entkleidet funktioniert nicht mehr: diese nackten Körper signalisieren keine „Natürlichkeit" mehr, sondern sie sind Inkarnation der Mode geworden.

In den 1990er Jahren hat die in Leipzig lebende italienische Künstlerin Alba d'Urbano (*1955) Kleider entworfen, die dieses Spiel zwischen Kleid und Körper auf die Spitze treiben. Die Kleidungsstücke (Blusen, Kleider, Mäntel, Röcke,

4 Alba d'Urbano, Il sarto immortale: couture, 1997, Performance

Hosen) bestehen aus fleischfarbenen Jerseystoffen. Auf sie sind nackte weibliche Körper gedruckt – bzw. ein einziger weiblicher Körper, nämlich der der Künstlerin.

Im Rahmen eines Performance-Projekts, „Il sarto immortale", „Der unsterbliche Schneider" (denken Sie an die „éternelle femme") ließ d'Urbano diese Kleider vorführen, und der Effekt ist verblüffend, weil man, auch wenn man das Prinzip durchschaut, seinen Augen nicht traut: Sieht man nun eine nackte Frau oder eine bekleidete Frau?[18] Der Eindruck der Nacktheit ist stärker als etwa bei Altmans Models, die „tatsächlich" nackt über den Laufsteg gehen, ja die Wirkung steigert sich fast ins Obszöne. Das liegt zum Teil an der Art der Körperdarstellung auf den Kleidern, die, so vollständig sie auf den ersten Blick wirken, bei näherem Hinsehen doch eine starke Fokussierung auf die sekundären Geschlechtsmerkmale aufweisen, während alles andere in Unbestimmtheit verschwimmt: Betont sind Busen, Hintern, sehr auffallend sind deutlich sichtbar angebrachte Scham- und Achselhaare, die im westlichen Kontext gerade im Bereich Mode ja eher vermieden als betont werden und damit in der Betonung etwas merkwürdig Schamloses bekommen. Als Betrachterin weiß man um das Kostüm und verwechselt trotzdem Körper und Kleid. In der Bewegung (und so wirken die Kleider anstößiger, als wenn sie an der Puppe ausgestellt sind) werden Übergänge und Grenzen sichtbar: die gemalten Körperteile stimmen manchmal nicht ganz

5 Atelier Emmy Schoch, Reisemode, um 1928, Modezeichnung

mit denen des Models überein, die man oft mehr ahnt als wirklich sieht. Ein Riss in unserer Wahrnehmung entsteht, der zum erneuten Schauen und zum Nachfragen anregt und doch nicht zu einer endgültigen Antwort kommen kann. Wir wissen, dass wir getäuscht werden, und können der Täuschung doch nicht entgehen.

Die Künstlerin äußerst in einem Interview, am Anfang habe der Gedanke gestanden, aus der eigenen Haut zu schlüpfen und sie, wenn auch nur für einen Augenblick, einer anderen leihen zu können. Sie hat fotografische Abbildungen ihres eigenen Körpers im Computer digitalisiert „und sie dann so verarbeitet, verformt und ausgeschnitten, dass sie in die Schnittmuster eines Anzugs paßten. Somit war es mir möglich, nach dem alten System der Schneiderkunst die Zweidimensionalität der Abbildung auf die dreidimensionale Form des Körpers zu übertragen."[19]

Die Opposition Kleid – Körper bleibt in den Kreationen d'Urbanos gewahrt, löst sich nicht auf. So entstehen keine neuen Körperbilder, sondern trompe l'œil, Täuschung also und Des-Illusion. Mode wird als ein Prozess vorgeführt, in den Körper und Wahrnehmung involviert sind. Ähnlich den Avantgarden zu Beginn des Jahrhunderts liegt die Innovation nicht in den Schnitten, die bei der bewährten Zweidimensionalität bleiben, sondern in den Bildern, die auf die eher traditionell geschnittenen Kleidungsstücke gemalt (oder gedruckt) sind; das dekorative Element, früher als Stoffarchitektur inszeniert, hat sich auf die Fläche zurückgezogen und ist flaches Bild geworden, das Tiefe höchstens vortäuscht.

VII.

Die im 20. Jahrhundert dominierende Flächigkeit (Abb. 5) wurde und wird immer wieder konterkariert von Phasen der Dreidimensionalität. Christian Diors New Look nach dem Ende des Zweiten Weltkriegs ist ein Beispiel dafür (Abb. 6); von den heutigen ModeschöpferInnen ist Vivienne Westwood zu nennen (Abb. 7).

6 Christian Dior, Redingote, 1952, Modefotografie

Ihre Moden arbeiten zitierend mit den Prinzipien, die die Frauenmode des 18. und 19. Jahrhunderts bestimmten: Weibliche Körper sind grundsätzlich dreidimensional; sie haben Erweiterungen und Ausbuchtungen an solchen Körperstellen, die als erotisch und damit besonders weiblich wirken, also an Busen, Hintern oder Hüften. Mag Westwood auch ein ironisches Spiel mit solchen traditionellen, aus Romanen, Gemälden und natürlich der Mode gespeisten Weiblichkeitsbildern spielen, so ist doch unverkennbar, dass diese ihrer oft beschworenen Vorstellung von Eleganz weit eher entsprechen als die stromlinienförmige Flächigkeit der Gegenwartsmode. Es sind ungeachtet des einheitlichen Looks von Kopf bis Fuß letzten Endes fragmentierte fiktionale Frauenkörper, deren einzelne (erotische) Körperteile besonders hervorgehoben und fetischisiert werden, in ihrer geplanten Unregelmäßigkeit fast manieristisch. Auffallend, dass es nichts Vergleichbares in der Männermode gibt: solche Experimente und Zitate bleiben auf die Frauenmode beschränkt, und zwar auf eine völlig in der heterosexuellen Matrix aufgehende Frauenmode, die auf Glamour und Glanz setzt, auf Verführung und auf Spiel; eine Frauenmode, die den begehrenden (oder zum Begehren anzustachelnden) männlichen Blick immer mitdenkt.

Eine Alternative dazu bilden die Moden der Japaner: Rei Kawakubo, Issey Miyake oder Yoshi Yamamoto.[20] Von überwältigender räumlicher Wirkung, sind ihre Kleider doch nie gebunden an Bilder sexualisierender oder sexualisierter Weiblichkeit oder an sexuelles Begehren. Hier entfaltet sich, durchaus inspiriert von asiatischen wie europäischen Kleidungstraditionen, aber niemals abhängig von diesen, eine Dreidimensionalität, der es um den Raum und seine spezifischen Qualitäten zu gehen scheint, um das Einnehmen, das Gliedern, das Erfahren von Raum, nicht um Paarungsrituale (Abb. 8). Nicht das Zurichten des Körpers, sondern die Freiheit des Körpers wird hier zelebriert, eine Freiheit, die in der Funktionalität unseres windschnittigen, schnelllebigen Alltags eigentlich längst keinen Raum mehr hat. Eine Utopie – aber eine lebbare Utopie.

7 Vivienne Westwood, Vive la Cocotte-Kollektion, Herbst/Winter 1995/96, Modefotografie

8 Rei Kawakubo, Comme des Garçons-Kollektion, „Body meets Dress meets Body“, 1997, Modefotografie

[1] Roland Barthes (1982): Erté ou A la lettre. In: L'obvie et l'obtus. Essais critiques III. Paris (Seuil), 99–121, hier 99.

[2] Vgl. Arthur Cohen (1988): Sonia Delaunay. New York (Harry Adams).

[3] Zum Spielbegriff vgl. u.a. Roger Caillos (1960): Die Spiele und die Menschen. Maske und Rausch. Übers. v. Sigrid v. Massenbach. Stuttgart (Curt E. Schwab).

[4] Vgl. hierzu ausführlicher meinen Aufsatz: Der modische Körper als Raumskulptur (2001). Erscheint in: Erika Fischer-Lichte/Gabriele Brandstetter u.a. (Hrsg.) (2001): Theatralität und die Krisen der Repräsentation. Das 17. und das 20. Jahrhundert. Stuttgart (Metzler).

[5] Anne Hollander (1978): Seeing Through Clothes. New York (The Viking Press), XVI.

[6] Anne Hollander (1994): Sex and Suits. The evolution of modern dress. New York (Alfred A. Knopf), 8.

[7] Zur Kritik an Hollanders These vgl. Gertrud Lehnert (1999): Androgynie und Mode. In: Querelles. Jahrbuch für Frauenforschung 1999. Bd. 4: Dorothee Alfermann/Ulla Bock (Hrsg.): Androgynie. Vielfalt der Möglichkeiten. Stuttgart (Metzler), 118–130.

[8] Charles Baudelaire (1976): Œuvres complètes II. Texte établi, présenté et annoté par Claude Pichois. Paris (Gallimard), 683–724.

[9] Ebenda, 717.

[10] Vgl. auch: „A une passante", „Le martyre", „A celle qui est trop gaie", „A une mendiante rousse", „Le serpent qui danse", Gedicht XXVII: „Avec ses vêtements ondoyants et nacrés ..."

[11] Die Frau als Kunstwerk hat bekanntlich eine lange Tradition; es sei nur an Pygmalion erinnert.

[12] Vgl. hierzu Richard Martin (1998): Cubism and Fashion. New York (Metropolitan Museum of Art), 15.

[13] Gabriele Brandstetter (1997): Die Inszenierung der Fläche. Ornament und Relief im Theaterkonzept der Ballets Russes. In: Claudia Jeschke/Ursel Berger/Birgit Zeidler (Hrsg.) (1997): Spiegelungen. Die Ballets Russes und die Künste. Berlin (Verlag Vorwerk 8), 147–163, hier 156; Gabriele Brandstetter (1995): Tanz-Lektüren. Körperbilder und Raumfiguren der Avantgarde. Frankfurt/M. (Fischer).

[14] Vgl. zur modernen Großstadt u.a. Richard Sennett (1995): Verfall und Ende des öffentlichen Lebens. Die Tyrannei der Intimität. Dt. v. Reinhard Kaiser. Frankfurt/M. (Fischer); Richard Sennett (1997): Fleisch und Stein. Der Körper und die Stadt in der westlichen Zivilisation. Dt. v. Linda Meissner. Frankfurt/M. (Suhrkamp).

[15] Ausführlicher dazu Lehnert 2001 (Anm. 4).

[16] Zu Delaunay vgl. Arthur Cohen (1988): Sonia Delaunay. New York (Harry Adams); Sonia Delaunay – A Retrospective (1980). Foreword by Robert T. Buck. Essays by Sherry A. Buckberrough. Chronology by Susan Krane. Buffalo, N. Y. (Albright-Knox Art Gallery); Sonia Delaunay – Art Into Fashion (1986). Introd. by Elizabeth Morano. Foreword by Diana Vreeland. New York (George Braziller).

[17] Erté unternimmt in seinem Modealphabet etwas Ähnliches, wenn auch gleichsam umgekehrt: Er inkorporiert die Mode wieder der Schrift, lässt sie in der Schrift aufgehen, verschwinden, annuliert dabei gleichsam die weiblichen Körper, die Trägerinnen der Kleider sind: Körper sind hier immer schon modische Körper; Vgl. Barthes 1982 (Anm. 1); Vgl. zu diesem und anderen Menschenalphabeten Ina Schabert (1998): Körperalphabete, Modealphabete und die somatographische Kunst von Erté. In: Gertrud Lehnert (Hrsg.) (1998): Mode, Weiblichkeit und Modernität, Dortmund (edition ebersbach), 62–85.

[18] Ausgestellt waren ihre Kleider auf der Berliner Ausstellung: Cross female. Metaphern des Weiblichen in der Kunst der 90er Jahre. 30. September bis 29. Oktober 2000, Künstlerhaus Bethanien, Berlin 2000.

[19] Aura Masserdotti: Interview mit Alba d'Urbano. Ursprünglich in: virus 3 (1998), wieder in: Katalog zur Ausstellung Cross female 2000 (Anm. 18), 40f.

[20] Vgl. zu Rei Kawakubo Gertrud Lehnert (1998): Frauen machen Mode. Modeschöpferinnen vom 18. Jahrhundert bis heute. Dortmund (edition ebersbach).

# Autorinnen

Antoni-Komar, Irene. Dr. phil. (Jg. 1955). Studium der Kunstgeschichte und Literaturwissenschaft. 1986 Promotion. 1987–1988 Stipendium des Landes Baden-Württemberg am Zentralinstitut für Kunstgeschichte in München. 1988–1989 Wissenschaftliche Mitarbeiterin am IFG Ulm – Internationales Forum für Gestaltung Ulm (Geschwister-Scholl-Stiftung). 1989–1992 Wissenschaftliche Mitarbeiterin am Städtischen Kunstmuseum Spendhaus Reutlingen. 1982–1992 Dozentin für Mode und Kunstgeschichte an der Staatlichen Modeschule Stuttgart. Seit 1992 Wella-Stiftungsdozentur Mode und Ästhetik an der Technischen Universität Darmstadt. Forschungsschwerpunkte: Funktion von Mode, Design und Kunst in der Gesellschaft, ihre Bedingungen, Strukturen und Wirkungen; Körpertheorie und -geschichte; das Gesicht im kulturellen Kontext. Derzeitiger Arbeitsschwerpunkt: Buchprojekte zu „Frisuren – Kosmetik – Kleider" und „Kulturelle Strategien am Kopf". Veröffentlichungen (Auswahl): *Der Einfluß der Mode – Ein Modell ästhetisch-kultureller Bildung*, in: Imke B. Peters (Hrsg.): Fachtagung Körperpflege der Hochschultage Berufliche Bildung '96 in Hannover, Neusäß: Kieser, 1997, 80–100; *Design Bericht Deutschland*, Hrsg. Institut für Designforschung Stuttgart und Rat für Formgebung, Stuttgart: dbv Verlag, 1997; *Frauen im Korsett. Biedermeier im handlungsorientierten Unterricht*, zusammen mit Jürgen Schneider, Hrsg. Hessisches Landesinstitut für Pädagogik, Pädagogisches Institut Mittelhessen, Technische Universität Darmstadt, Wiesbaden: HeLP, 1998.

Ensel, Angelica. Dr. phil. (Jg. 1955). Ethnologin, Hebamme, Redakteurin. Studium der Ethnologie, Deutschen Volkskunde und Sportwissenschaften. Feldforschungen über „Alternative Geburtskonzepte und ihre Einlösung" und „Die Arzt-Patienten-Beziehung in der Schönheitschirurgie". 1993 Dissertation über „Schönheitschirurgie und Schöpfungsphantasien in der westlichen Medizin" (Universität Hamburg). Forschungsschwerpunkte sind die Themenkomplexe: „Frau – Körper – Macht – Institutionen" und „Der weibliche Körper in der westlichen (Medizin-)Kultur"; derzeitiger Arbeitsschwerpunkt: Buchprojekt über „Hebammen und Pränatale Diagnostik". Veröffentlichungen (Auswahl): *Chirurg – Dramaturg – Demiurg*, in: Zeitschrift für Frauenforschung, 4/94, 106–114; *Nach seinem Bilde. Schönheitschirurgie und Schöpfungsphantasien in der westlichen Medizin*, Bern: eFeF-Verlag, 1996; *Einschneidende Maßnahmen. Schönheitschirurgie und Geschlechterverhältnisse in der westlichen Medizin*, in: Christine E. Gottschalk-Batschkus/Judith Schuler/Doris Iding (Hrsg.): Frauen und Gesundheit. Ethnomedizinische Perspektiven, Berlin: VWB, Verlag für Wissenschaft und Bildung, 1997, 231–234; *Rituale der schönheitschirurgischen Schöpfung*, in: Doreet LeVitte Harten (Hrsg.): Heaven. An exhibition that will break your heart. Katalog zur Ausstellung Kunsthalle Düsseldorf 30.7.–17.10.1999 und Tate Gallery, Liverpool, 11.12.1999– 27.2.2000, Ostfildern-Ruit: Hatje Cantz, 1999, 224–228; *Machtstrukturen auf dem Geburtsterritorium*, in: Deutsche Hebammen Zeitschrift, 2/96, 55–60; *Hebammenarbeit und Pränatale Diagnostik – eine Arbeit an ethisch moralischen Grenzen*, in: Deutsche Hebammen Zeitschrift, 7/98, 391–397.; *Pränataldiagnostik und Hebammenarbeit. Ethische Fragen und Konfliktfelder in der Betreuung von Schwangeren, Gebärenden und Wöchnerinnen*. Unterrichtsmaterialien für die Ausbildung von Hebammen und Angehörigen medizinischer Fachberufe, zusammen mit Silke Mittelstädt, Düsseldorf: Verlag Selbstbestimmtes Leben, 1999.

GIESKE, SABINE. Dr. phil. (Jg. 1962). Kulturwissenschaftlerin. 1992–1993 Kulturmanagement und Museumsarbeit, Landkreis Osnabrück. 1993–1999 Hochschulassistentin am Institut für Europäische Ethnologie und Kulturwissenschaft, Universität Marburg. Derzeit: Deutsches Zentrum für Luft- und Raumfahrt, Projektträger des Bundesministeriums für Bildung und Forschung, Bonn. Hier zuständig für Bildungsforschung, Genderforschung und Chancengleichheit. Verschiedene Stipendien: u.a. 2001 Humboldt Stipendiatin (USA). Forschungsschwerpunkte: Geschlechterforschung, Körpergeschichte, Alltagskultur im 18. und 19. Jahrhundert. Veröffentlichungen (Auswahl): *Johann Gerhard Trimpe (1827–1894). Neubauer und Weltbürger. Zum gesellschaftlichen und kulturellen Umbruch auf dem Land,* (Osnabrücker Geschichtsquellen und Forschungen), Hrsg. Verein für Geschichte und Landeskunde von Osnabrück, Diss. Osnabrück 1994; (Hrsg.): *Lippenstift – Ein kulturhistorischer Streifzug über den Mund*, Marburg: Jonas-Verlag, 1996; (Hrsg.): *Jenseits vom Durchschnitt. Vom Kleinsein & Großsein*, Marburg: Jonas-Verlag, 1998; *Die Schönheit der Damen. Von Toiletten-Lektüren, aufklärerischen Idealen und geschlechtsspezifischen Inszenierungen*, in: Make-up! Aus der Geschichte der dekorativen Kosmetik (Ausstellungskatalog zur gleichnamigen Ausstellung). Münster 1998, 31–42; *The Ideal Couple – A Question of Size?*, in: Londa Schiebinger (ed.): Feminism and the body, Oxford: Oxford University Press, 2000, 375–394.

LEHNERT, GERTRUD. Dr. phil. habil. (Jg. 1956). Studium der Allgemeinen und Vergleichenden Literaturwissenschaft, Romanistik, Germanistik, Kunstgeschichte in Bonn und Paris (1977/78 Studienaufenthalt an der Sorbonne mit einem Stipendium der Studienstiftung des Deutschen Volkes). 1984–1990 Wissenschaftliche Mitarbeiterin am Institut für Vergleichende Literaturwissenschaft der Universität Bonn. 1985 Promotion. 1990–1991 Forschungsstipendium der Alexander von Humboldt-Stiftung an der Columbia University, New York. 1994 Habilitation (Universität Frankfurt/M.). 1992–1996 Gastprofessorin an den Universitäten Mainz und Bielefeld. Lebt als Universitätsdozentin (Freie Universität Berlin, Institut für Theaterwissenschaft), Autorin kulturgeschichtlicher Sachbücher sowie von Rundfunk- und Zeitungsbeiträgen in Berlin. Veröffentlichungen vor allem im Bereich der Gender Studies und der Modegeschichte und allgemeiner Kulturgeschichte. Veröffentlichungen (Auswahl): *Mode. Models. Superstars*, Köln: Dumont, 1996; *Marguerite Duras*, zusammen mit Doris Kolesch, München: edition text & kritik, 1996; *Wenn Frauen Männerkleider tragen. Geschlecht und Maskerade in Literatur und Geschichte*, München: dtv, 1997; *Schnellkurs Mode*, Köln: Dumont, 1998; *Frauen machen Mode. Modeschöpferinnen vom 18. Jahrhundert bis heute*, Dortmund: edition ebersbach, 1998; *Mit dem Handy in die Peepshow. Die Inszenierung des Privaten im öffentlichen Raum*, Berlin: Aufbau Verlag, 1999; *Die Leserin. Das erotische Verhältnis von Frauen zur Literatur*, Berlin: Aufbau Verlag, 2000; Herausgeberin von: *Inszenierungen von Weiblichkeit. Weibliche Kindheit und Adoleszenz in der Literatur des 20. Jahrhunderts*, Opladen: Westdeutscher Verlag, 1996; *Mode, Weiblichkeit und Modernität*, Dortmund: edition ebersbach, 1998.

POSCH, WALTRAUD. M.A. (Jg. 1972). Berufsausbildung als Kindergärtnerin. Studium der Erziehungswissenschaften, Soziologie und Medienkunde in Graz. Referentin für Öffentlichkeitsarbeit im Frauengesundheitszentrum Graz. Darüber hinaus Tätigkeit als Journalistin. Preisträgerin u.a. der Dr. Maria Schaumayer-Stiftung 1999. Forschungsschwerpunkte: Körper, Schönheitsideal, Essstörungen, Medien. Wichtigste Publikation: *Körper machen Leute. Der Kult um die Schönheit*, Frankfurt/M., New York: Campus, 1999.

ZYBELL, UTA. M.A. (Jg. 1967). Berufsausbildung als Schriftsetzerin in Frankfurt/M. Studium des Lehramtes an beruflichen Schulen (Graphisches Gewerbe, Deutsch) sowie Magister Berufspädagogik an der Technischen Universität Darmstadt. Seit 1997 Wissenschaftliche Mitarbeiterin am Institut für Berufspädagogik der TUD bei Prof. Dr. Angela Paul-Kohlhoff mit den Arbeitsschwerpunkten berufliche Sozialisation von Frauen, Beruf und Moral, geschlechtsspezifische Berufsorientierung von Mädchen und Jungen in der Adoleszenz. Seit Oktober 1998 zuständig für die wissenschaftliche Begleitung im hessenweiten Modellprojekt „Junge alleinerziehende Mütter in der Berufsausbildung". Veröffentlichungen: *Zum Zusammenhang von weiblicher Moralentwicklung und Berufsorientierung junger Frauen.* Mit einem Beitrag von Angela Paul-Kohlhoff, Alsbach/Bergstraße: Leuchtturm, 1998; *Emotionen als Störfaktor in der Berufsausbildung? – Junge alleinerziehende Mütter im Projekt JAMBA*, zusammen mit Isabel Paul, in: Berufsbildung, Heft 67, 2001.

# Zu den Abbildungen

| | |
|---|---|
| Seite 17 | 1 Nick Knight, Aimee Mullins, 1998, Fotografie<br>In: Zeit magazin, Nr. 46, 5.11.1998 |
| Seite 20 | 2 Le Bon Ton, 1836, Modekupfer, koloriert<br>Archiv Irene Antoni-Komar |
| Seite 23 | 3 Carl Schmidt, Anmut (Im Garten der Schönheit), 1912,<br>Fotografie. In: „Die Schönheit", X. Band, Heft 5, 1912,<br>Archiv Irene Antoni-Komar |
| Seite 25 | 4 Sean Smith, Flexible Identiäten, 1998, Fotografie<br>(»The Guardian«)<br>In: Die Zeit, Nr. 41, 1.10.1998, 68 |
| Seite 26 | 5 Body Modifications by Pere: Cutting, 2001 (Internet)<br>http://www.bodybasics.com/artists/pere/photos/<br>photos_cutting.html (06.02.2001) |
| Seite 28 | 6 Matuschka, Beauty out of Damage, 1993, Fotografie<br>In: Marie Claire 11/1993, 15 |
| Seite 30 | 7 Cindy Sherman, Untitled #282, 1993, Fotografie<br>In: Zdenek Felix, Martin Schwander (Hrsg.) (1995):<br>Cindy Sherman. Photoarbeiten 1975–1995, München, Paris,<br>London (Schirmer/Mosel), Abb. 64 |
| Seite 32 | 8 Orlan, Opération réussie, 1990, Video, Courtesy Stephan<br>Oriach, Paris<br>In: Doreet LeVitte Harten (Hrsg.) (1999): Heaven. An exhibition<br>that will break your heart. Katalog zur Ausstellung Kunsthalle<br>Düsseldorf 30.7.–17.10.1999 und Tate Gallery, Liverpool,<br>11.12.1999–27.2.2000. Ostfildern-Ruit (Hatje Cantz), 204 |

| | |
|---|---|
| Seite 131 | 1 Allgemeine Moden-Zeitung, No 17, 1837, Modekupfer, koloriert<br>Archiv Irene Antoni-Komar |
| Seite 133 | 2 Costumes Parisiens, 1913, Modekupfer, koloriert<br>Archiv Gertrud Lehnert |
| Seite 136 | 3 Sonia Delauney, Cette éternelle femme, 1922, Gouache<br>In: Jacques Damase (1991): Sonia Delauney. Mode und Design. Zürich (Arche), 88 |
| Seite 139 | 4 Alba d'Urbano, Il sarto immortale: couture, 1997, Performance<br>In: Cross female. Metaphern des Weiblichen in der Kunst der 90er Jahre. 30.9.–29.10.2000, Künstlerhaus Bethanien, Berlin 40/41. |
| Seite 140 | 5 Atelier Emmy Schoch, Reisemode, um 1928, Modezeichnung<br>Archiv Irene Antoni-Komar |
| Seite 142 | 6 Christian Dior, Redingote, 1952, Modefotografie<br>In: L'Officiel de la Couture et de la Mode de Paris, 9/1952, 95<br>Archiv Irene Antoni-Komar |
| Seite 144 | 7 Vivienne Westwood, Vive la Cocotte-Kollektion, Herbst/Winter 1995/96, Modefotografie<br>In: Gerda Buxbaum (Hrsg.) (1999): Mode! Das 20. Jahrhundert. München, New York (Prestel), 118 |
| Seite 145 | 8 Rei Kawakubo, Comme des Garçons-Kollektion, „Body meets Dress meets Body", 1997, Modefotografie<br>In: Lisa Lovatt-Smith/Patrick Remy (Hrsg.) (1997): Fashion Images de Mode No 2, Göttingen (Steidl), 143 |

# Anhang

# Wella auf dem Weg in die Zukunft

Die Unternehmensgeschichte der Wella AG ist geprägt von einer konstanten Orientierung an der Zukunft. Bereits der Firmengründer Franz Ströher war – typisch für den Geist der Gründerjahre des ausgehenden 19. Jahrhunderts – stets auf der Suche nach neuen Ideen und Projekten, die die Zukunft seines Unternehmens sichern sollten. Dank seiner Innovationskraft hat der Familienbetrieb immer die Zeichen der Zeit erkannt und sich bietende Chancen zu seinem Vorteil genutzt. 120 Jahre später ist das Unternehmen immer noch von diesem Geist geprägt. Ohne die bewährten Stärken des Unternehmens zu vernachlässigen, setzt der internationale Konzern auf Innovationen, neue Produkte und Services. So ist aus dem einstigen Familienbetrieb einer der weltweit führenden Anbieter von Duft- und Haarkosmetik geworden.

## Der Wella-Konzern als globaler Anbieter von Haarkosmetik und Düften

Die Wella AG ist einer der führenden internationalen Anbieter von Haarkosmetik und Düften. Weltweit ist der Konzern mit Sitz in Darmstadt (Deutschland) in über 150 Ländern vertreten. Das Unternehmen Wella steht für drei Kernkompetenzen: Haarkosmetik für die Sparte Friseur wird unter anderem durch die Marken Wella, Sebastian, Kadus und Londa repräsentiert. Auch in der Sparte Endverbraucher ist die Marke Wella vertreten. Des weiteren sind hier Marken wie Decoré, Ultra Sheen und Nicky Clarke zu finden. Innovative Düfte wie Gucci, Naomi Campbell, Anna Sui, Trussardi oder Montblanc stehen für die Sparte Kosmetik und Duft. 2000 erwirtschaftete der Konzern mit seinen 15.900 Mitarbeitern einen Umsatz von 2,82 Milliarden Euro. Fast 75 Prozent des Umsatzes wurden dabei außerhalb von Deutschland erzielt.

## Unternehmer im Unternehmen sein

Qualifizierte und motivierte Mitarbeiterinnen und Mitarbeiter stellen die wichtigste Basis eines erfolgreichen Unternehmens dar. Bei Wella werden deshalb alle Mitarbeiter in besonderem Maße gefördert. Ob in Produktion, Vertrieb, Marketing, Forschung oder Verwaltung – überall soll der Firmenangehörige sich entfalten und weiter entwickeln können. Deshalb erhalten Wella-Mitarbeiter vielfältige Gestaltungsspielräume, in denen sie Eigeninitiative und Verantwortung einbringen und sich als Unternehmer im Unternehmen verstehen sowie danach handeln können. Aus- und Weiterbildung, individuelle Förderprogramme und flexible Strukturen, die ein Maximum an kreativen Entwicklungsmöglichkeiten bieten, sind die tragenden Säulen der Personalentwicklung bei Wella.

## Vorsprung durch Forschung

Intensive Forschungsarbeit und moderne wissenschaftliche Methoden verschaffen der Wella AG den notwendigen Innovationsvorsprung. In einem sich stetig verändernden Markt müssen in immer geringeren Zeitabständen neuartige Technologien und Methoden gefunden, Rezepturen komplett überarbeitet und vollständig neue Produkte entwickelt werden. Kein Wunder also, dass Wella ihr Engagement im Bereich Forschung und Entwicklung kontinuierlich verstärkt und diesen Bereich stetig ausbaut. Allein 400 Mitarbeiter beschäftigt das Unternehmen, um Innovationen voranzutreiben.

Cornelius Blanke
Leiter Unternehmenskommunikation Institutionell, Wella AG

## Wella-Stiftungsdozentur Mode und Ästhetik

Wissenschaftliche Beschäftigung mit Haut und Haar hat an der Technischen Universität Darmstadt Tradition. Die Fachrichtung Körperpflege qualifiziert umfassend für eine spätere Tätigkeit vorwiegend in der Friseurausbildung an beruflichen Schulen. Um den angehenden Friseurinnen und Friseuren fundierte Kenntnisse vermitteln zu können, werden im Grundstudium Vorlesungen zur Biologie des Menschen besucht: Anatomie und Physiologie des Menschen, Dermatologie sowie Hygiene und Mikrobiologie der Infektionskrankheiten sind in der Studienordnung vorgesehen. Und weil kein Friseur ohne haarkosmetische Produkte agieren kann, bildet vor allem die Chemie Grundlage für ein fachbezogenes Basiswissen. In anorganischer und organischer Chemie werden im Grund- und Hauptstudium Vorlesungen, Seminare und Praktika absolviert, auf denen schließlich die Veranstaltungen zur Kosmetikchemie aufbauen. Die Vorlesungen und Übungen „Kosmetik" im Hauptstudium vermitteln handfestes Wissen über Rezepturen und Wirkungen der Körperpflegeprodukte. Gegen Ende des Studiums kann im kosmetischen Praktikum das erworbene Wissen umgesetzt werden: Der Herstellung von Lippenstiften, Mascara, Handcremes, Shampoos etc. folgt umgehend die Testphase am eigenen Leib!

Haut und Haar bedeuten aber nicht nur naturwissenschaftliche Erkenntnis und chemisch-technische Entwicklung von Produkten. Haut und Haar sind Symbole unserer Identität, Orte unserer Selbstinszenierungen. Frisuren gehören weltumspannend zur Kultur der Menschen. Doch von welchen Faktoren werden die vielfältigen Frisuren und deren Wirkungen beeinflusst, und wie greifen Individuen, soziale Gruppen oder Medien in dieses Geschehen ein? Antworten auf diese und ähnliche Fragen sollen durch die Wella-Stiftungsdozentur Mode und Ästhetik gefunden werden. Die bundesweit einmalige Dozentur wurde 1992 als Pendant zur naturwissenschaftlichen Ausbildung an der Technischen Universität Darmstadt eingerichtet. Im Mittelpunkt von Lehre und Forschung steht die zentrale

Frage: Welche Einflüsse hat die Kosmetikchemie auf das tägliche Leben? Neben grundlegenden Problemen der Gestaltungslehre wird die Funktion von Mode in der Gesellschaft untersucht. Unter welchen Bedingungen entstehen Moden? Welche Wirkungen gehen von ihnen aus? Analysiert wird beispielsweise wie chemische Innovationen der Dauerwell- oder Haarfärbetechnik die Frisurenmode unseres Jahrhunderts prägten, von welchen ästhetischen Leitbildern Frisurentrends ausgehen und wie diese sich in der Alltagskultur widerspiegeln. Die Auseinandersetzung mit Inszenierungspraktiken an Körper und Gesicht zeigt kulturelle Strategien in Gegenwart und Vergangenheit. Diese werden unter den Gesichtspunkten von Machtstrukturen wie Klassen- und Gruppenverhältnissen, geschlechtsspezifischen Fragestellungen und ethnischer Zugehörigkeit erörtert. Schließlich fokussiert der Begriff Schönheit den Wandel von Idealen und Vorstellungen im historischen und kulturräumlichen Kontext. Ziel der Lehrveranstaltungen ist es, heute prägende Prozesse von Körper und Körperpflege in Gesellschaft und Kultur zu ermitteln und wissenschaftlich zu erörtern.

Das solide Fachwissen der Chemie und Biologie des Menschen, der Mode und Ästhetik, gepaart mit den Fächern der Erziehungs- und Gesellschaftswissenschaften, befähigt die AbsolventInnen der Fachrichtung Körperpflege in Darmstadt einen wissenschaftlich fundierten Unterricht abzuhalten, moderne Entwicklungen aufzugreifen und diese methodisch umzusetzen. Schulpraktische Studien bereiten auf die Wissensvermittlung im Unterricht vor; nach der „Ersten Staatsprüfung" vertieft das zweijährige Referendariat die erworbenen Kenntnisse in fachdidaktischer Hinsicht. Der Berufsalltag verspricht eine Umgebung, die geprägt ist vom Umgang mit jungen Menschen, Raum für Kreativität bietet und die Einbindung von neuesten Entwicklungen über Haut und Haar ermöglicht.

Dr. Irene Antoni-Komar
Wella-Stiftungsdozentur Mode und Ästhetik
Technische Universität Darmstadt

Die Deutsche Bibliothek – CIP-Einheitsaufnahme
Moderne Körperlichkeit : Körper als Orte ästhetischer Erfahrung / mit Beitr. von Irene Antoni-Komar ... Hrsg.: Irene Antoni-Komar. - Stuttgart ; Bremen : dbv, 2001
(Mode und Ästhetik ; Bd. 1)
ISSN 1618-0755
ISBN 393300876X

1. Auflage 2001

Redaktion: Irene Antoni-Komar
Gestaltung, Satz, Lithographie: KPSG Komar & Partner. Societät für Gestaltung
Umschlaggestaltung: Dipl.-Des. Reinhard Komar und Helmut Langer unter Verwendung einer Illustration von Marina Langer-Rosa, einer Proportionsstudie von Albrecht Dürer (1528; Württ. Landesbibliothek Stuttgart) und einer Fotografie von Erlendur Berg
Druck: Asendorf, Bremen